JN000291

共通テスト

新課程 攻略問題集

英語 リーディング

教学社

はじめに

『共通テスト新課程攻略問題集』刊行に寄せて

　本書は，2025年1月以降に「大学入学共通テスト」（以下，共通テスト）を受験する人のための，基礎からわかる，対策問題集です。

　2025年度の入試から新課程入試が始まります。共通テストにおいても，教科・科目が再編成されますが，2022年に高校に進学した人は，1年生のうちから既に新課程で学んでいますので，まずは普段の学習を基本にしましょう。

　新課程の共通テストで特に重視されるのは，「思考力」です。単に知識があるかどうかではなく，知識を使って考えることができるかどうかが問われます。また，学習の過程を意識した身近な場面設定が多く見られ，複数の資料を読み取るなどの特徴もあります。とは言え，これらの特徴は，2021年度からの共通テストや，その前身の大学入試センター試験（以下，センター試験）の出題の傾向を引き継ぐ形です。

　そこで本書では，必要以上にテストの変化にたじろぐことなく，落ち着いて新課程の対策が始められるよう，大学入試センターから公表された資料等を詳細に分析し，対策に最適な問題を精選しています。そして，初歩から実戦レベルまで，効率よく演習できるよう，分類・配列にも工夫を施しています。早速，本書を開いて，今日から対策を始めましょう！

　受験生の皆さんにとって本書が，共通テストへ向けた攻略の着実な一歩となることを願っています。

教学社 編集部

監修・執筆	山添 玉基（河合塾 英語科講師）
作題・英文校閲	Ross Tulloch（清秀中学校・高等部 英語科教諭）
執筆協力	武知 千津子，山中 英樹，秋田 真澄

もくじ

※本書に収載している，共通テストに関する〔正解・配点・平均点〕などは，大学入試センターから公表されたものです。

※大学入試センターからの公開資料等について，本書では下記のように示しています。

・**試作問題**：〔新課程〕でのテストに向けて，2022年11月に一部の科目で作問の方向性を示すものとして公表されたテストの全体または一部。

・**プレテスト**：「センター試験」から「共通テスト」へ変更する際，2017・2018年度に実施された試行調査。

→なお，共通テストは2021年度から。それ以前はセンター試験（1990～2020年度）。

※共通テストに即した対策ができるよう，一部の演習問題は，大学入試センターの許可を得て，プレテストやセンター試験の過去問をもとに，アレンジしています。

※本書の内容は，2023年6月時点の情報に基づいています。最新情報については，大学入試センターのウェブサイト（https://www.dnc.ac.jp/）等で，必ず確認してください。

本書の特長と使い方

　本書は，2025年1月以降に大学入学共通テストを受験する人のための対策問題集です。この年から，共通テストで出題される内容が新しい学習指導要領（以下「新課程」）に則したものに変わります。それに向けて，発表されている資料を徹底分析するとともに，その結果に基づいて，共通テストに向けて取り組んでおきたい過去問を精選し，解説しています。

››› 新課程に向けた基本知識を身につける

　本書では，新課程における共通テスト「英語」の問題について，大学入試センターが公表している問題作成の方針から読み取れる特徴を徹底的に分析し，その対策において重要な点を詳しく説明しています（→**「分析と対策」**）。〈リーディング〉と〈リスニング〉は，切り離しては考えられないものなので，**分析と対策**では両方を取り上げています。

››› 演習問題で思考力を高める

　本書では，演習問題として，共通テストと，その前身であるセンター試験の過去問から，新課程で問われる内容の特徴が強く現れている問題を選定・アレンジして収録しています。いずれも「思考力」を養うことができる良問です。問題に取り組むことで，共通テストの傾向をより深く知ることができます。

››› 本書の活用法

　各章，共通テストで求められる力ごとに，演習問題を解き，基礎的な力をつけます。第5章は，第1章から第4章で学んだことの総仕上げです。第1章から第4章をしっかりと仕上げた上で，第5章に取り組みましょう。
　さらに演習を重ねたい人は，本書を終えた後に過去問集に取り組むことをおすすめします。迷わずに正答にたどり着ける実力が養成されていることが実感できるでしょう。

分析と対策

　共通テストの英語の出題は，どのような特徴があるのでしょうか。概略を押さえて，共通テストの方向性をつかみましょう。

■ 共通テスト「英語」特徴

◆ 思考力・判断力を重視

　一定の基礎知識があることを前提に，思考力・判断力を問う問題が出題されています。語彙や文法を直接問う問題は出題されていませんが，知識がなくても良い，という意味ではありません。単語や熟語，文法や構文の知識を明示的に問うのではなく，読解問題やリスニング問題のなかで，そうした知識を正確に運用して解答できるかどうかが問われています。特に，「要約」「複数の情報の比較とまとめ」「推測」といった力が問われる問題が多く，選択肢と本文との言い換えにも注意して解答しなくてはなりません。

▶▶▶ 共通テストの英語で必要とされる「思考力・判断力」とは？

　文部科学省による「学力の3要素」（①知識・技能，②思考力・判断力・表現力，③主体性・多様性・協働性）のうち，②の「思考力・判断力・表現力」について，英語では下記のような能力が問われていると考えられます。

【英語の思考力・判断力・表現力】

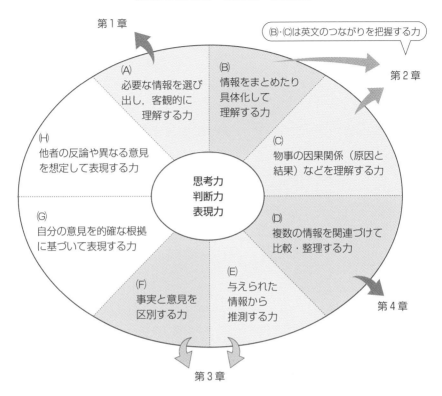

　このうち，共通テストで主に問われるのは(A)〜(F)の力です。本書は，共通テストの特徴的な問題や，それらを元にしてセンター試験の過去問をアレンジした問題，および本書オリジナル問題を使って，上記の共通テストで求められる力をつけられるよう，構成されています。

第1章：情報を選び出す／言い換えを見抜く…(A)の力をつける
第2章：つながりを理解する…(B)・(C)の力をつける
第3章：推測する／事実と意見を区別する…(E)・(F)の力をつける
第4章：複数の資料の関連性を理解する…(D)の力をつける
第5章：総合問題…第1章〜第4章の力，(A)〜(F)の力を，総合的に試す

◆ 高校生・大学生の日常生活を想定した場面設定

　授業を聞いてワークシートを埋めたり，発表のために資料から情報を集めて整理したり，学生生活に必要なものを揃えるために調べものをする，といった，高校生や大学生の日常生活に関連したテーマの英文が主に出題されています。また，リーディングでは**「事実と意見を区別する問題」**のように，レポートや論文を書くといった「アウトプット」のために必要だと思われることも問われています。

◆ リーディングでは「大量の情報を素早く処理する」能力が求められている

　80 分の試験時間で選択肢を含めて 6,000 語以上の英文・資料を読んで解答することが求められているため，英文を速く正確に読んで情報を整理する力が必要です。また，設問によっては複数の資料（英文，グラフ，図表など）の情報を見比べて解答することが求められており，「思考力・判断力」に加え，**「情報処理能力」**と呼ぶべき能力が問われていると言えます。さらに，似たような形式の問題を繰り返し出題したり，かなり細かいところまで注意しないと解答できない問題もあることから，学力以外の要素として**「注意力・集中力・忍耐力」**まで必要とされているようにも思えます。

◆ リスニングでは多様な出題形式で知識・技能・思考力・判断力が試される

　モノローグ，会話，複数人の意見，グラフ・図表・ワークシートなど，さまざまな形式の問題が出題されています。また，文法的に正しく聞き取って選択肢を判別し，解答することが求められる**「音声による文法問題」**も出題されています。

>>> 例：第 1 回プレテスト〈リスニング〉第 1 問 B 問 6

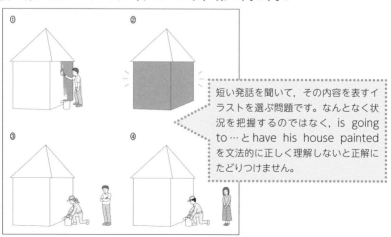

> 短い発話を聞いて，その内容を表すイラストを選ぶ問題です。なんとなく状況を把握するのではなく，is going to … と have his house painted を文法的に正しく理解しないと正解にたどりつけません。

◆ 英語の多様性を意識した問題

　センター試験ではアメリカ英語での出題でしたが，共通テストではそれに加えてイギリス英語での出題もなされています。その知識そのものが解答に影響することはありませんが，英文を読んで理解するうえで知っておくと迷うことが少なくなるはずです。

▶▶▶ 例1：2022年度本試験〈リーディング〉第2問A

On <u>the ground floor</u> there are some TVs for watching the library's videos.
「1階には図書館のビデオを見るためのテレビが何台かあります」

> the ground floor → イギリス英語では建物の階数を示す際，1階=the ground floor，2階=the first floor となります。

▶▶▶ 例2：2022年度本試験〈リーディング〉第2問B

It may be difficult to <u>organise</u> care for them; 25 % of owners take their pets on holidays or road trips.
「ペットの世話を手配するのが難しいこともあります。飼い主の25パーセントは，休暇や自動車旅行にペットを連れて行きます」

> organise → アメリカ英語で -ize と終わる語が，イギリス英語では -ise という綴りになります。organise はアメリカ英語では organize のことです。

■ 問題構成

　共通テストの英語の問題は，リーディング（80分・100点満点）とリスニング（30分＊・100点満点）から成り立っています（＊機器の設定などを含めたリスニング全体の時間は60分）。

共通テストの出題形式 （2023年度本試験）

〈リーディング〉
- ☑ すべて読解問題
- ☑ 文法が読解問題の中で問われる
- ☑ 設問文がすべて英語

〈リスニング〉
- ☑ 1回読みの問題と2回読みの問題がある
- ☑ 文法の理解を直接問う問題がある
- ☑ 図や資料が多い

リーディング				リスニング			
全問マーク式	解答数	配点		全問マーク式	解答数	配点	放送回数
試験時間：80分	49	100		解答時間：30分	37	100	
短文の読解	5	10	第1問	短い発話	7	25	2
資料・短文の読解	10	20	第2問	短い対話	4	16	2
随筆的な文章の読解	8	15	第3問	短い対話	6	18	1
説明的な文章・資料の読解	6	16	第4問	モノローグ	9	12	1
伝記的な文章の読解	9	15	第5問	長めのモノローグ	7	15	1
説明的な文章・資料の読解	11	24	第6問	長めの対話・議論	4	14	1

◆ 難易度

　共通テストでは，リスニング，リーディングともに，**後半に行くほど英文自体の難度も少しずつ上がる**ように作られています。

　リーディングについては，**英文そのものの難度は全体的に易しめ**ですが，後半に行くほど英文が長く情報量も多くなり，かつ，**正解の選択肢も本文の内容を巧妙に言い換えている**ため，選択肢を判別することが難しい問題も見受けられます。

　リスニングも，後半の問題の情報量が多く，特に**第5問**は，1つの読み上げ英文に対する設問数が多く，資料との照合作業も必要なため，その分やるべきことが増えます。設問としての**難度はかなり高い**と言えます。

出題内容〈リーディング〉

		2023 年度本試験		2022 年度本試験	
		英文の内容	文章の種類	英文の内容	文章の種類
第1問	A	演劇の上演	公演に関するチラシ	デザートに使う果物	料理本（資料）
	B	夏期英語集中合宿	ウェブサイト	赤ちゃんキリンの名前の公募	ウェブサイト
第2問	A	靴の広告	ウェブサイト上の広告	図書館利用案内	説明とコメント
	B	通学時間の効果的な使い方	取り組みのレポート	ペットは私たちに何を与えるのか	学校新聞の記事
第3問	A	快適なキャンプのための助言	ニュースレター	外国人の見た日本文化	ブログとイラスト
	B	アドベンチャー・ルーム作成のヒント	ブログ	登山チャレンジの経験	登山雑誌の記事
第4問		効果的な学習法	2 つの記事	新入生向け家電購入のヒント	2 つのブログ記事（中古店と価格比較表）
第5問		卓球から得た教訓	高校生が書いた話＋プレゼン用メモ	テレビの発明者に関する調査	記事＋プレゼン用メモ
第6問	A	ものの収集	記事（説明的な文章）＋要約メモ	1 日の時間がどのように人に影響するか	記事（説明的な文章）＋要約メモ
	B	地上最強の生物	説明的な文章＋プレゼン用スライド	環境を保護するために私たちが知っておくべきこと	記事（説明的な文章）＋プレゼン用ポスターの草稿

◆ リーディングの時間配分

　80 分ではなく **75 分で練習する**ことを心がけてください。**時間配分については，まずページ数で単純計算**します。たとえば 2023 年度本試験では問題は 34 ページありましたから，「75÷34÷2.2 分／1 ページ」となります。しかし，後半に行くほど英文の難度も上がり，設問も難しくなりますから，前半は小数点以下を切り捨て，後半は前半で切り捨てた分を追加して計算します。

第1問	A	2 ページ	4.4 分→**4 分**
	B	2 ページ	4.4 分→**4 分**
第2問	A	3 ページ	6.6 分→**6 分**
	B	3 ページ	6.6 分→**6 分**
第3問	A	2 ページ	4.4 分→**4 分**
	B	3 ページ	6.6 分→**6 分**
第4問		4 ページ	8.8 分→**9 分**
第5問		5 ページ	11 分→**12 分**
第6問	A	5 ページ	11 分→**12 分**
	B	5 ページ	11 分→**12 分**

　もちろん，これはあくまでも単純計算した目安にすぎません。**前半の問題でできるだけ時間を短縮し，余った時間を後半の問題に回す**ようにその都度調整しながら解答することが必要です。

出題内容〈リスニング〉

		詳細	放送英文の内容 (2023 年度本試験)	放送英文の内容 (2022 年度本試験)
第1問	A	短い発話を聞いて同意文を選ぶ		
	B	短い発話を聞いて内容に合うイラストを選ぶ		
第2問		短い対話と問いを聞いてイラストを選ぶ		
第3問		短い対話を聞いて問いに答える		
第4問	A	モノローグを聞いて図表を完成させる	仕事選びの基準となる項目,コンテストの結果と賞品	楽しい思い出,寄付品の分類
	B	複数の情報を聞いて条件に合うものを選ぶ	生徒会会長選挙の候補者の演説	書籍の説明
第5問		講義の内容と図表の情報を使って問いに答える	アジアゾウを取り巻く問題,人間とゾウの死亡に関するスリランカの現状	新しい働き方に関する講義,ギグ・ワークに関する上位国の比較
第6問	A	対話を聞いて要点を把握する	一人ハイキング	料理への取り組み方
	B	複数の意見（会話や議論）を聞いて問いに答える	就職後はどこに住むか	環境保護と地元の経済

◆ リスニングの時間配分

　リスニングの場合，リーディングと違って自分で試験の時間配分を自由に設定することはできませんが，**1つの問題を解き終えたら，そこで立ち止まったりぐずぐずと考え込んだりせずに，次の問題へと頭を切り替えましょう。**解き終えた後の余った時間に，次の設問をチェックして，問題冊子からできるだけ多くの情報を引き出しておく必要があります。そうすることで，たとえ十数秒であっても時間的余裕をもって次の設問に取り組むことができます。

■ 新課程に向けて

　2022年に公表された試作問題では，**リーディングで「文と文のつながり」や「段落のまとまり」を考えさせる問題**が出されました。ただし，同様の出題意図の問題は過去にセンター試験でも出題されています。また，1つのテーマについて**複数の英文の情報を連動させて考えさせる問題**も出題されていました。与えられる資料の数や種類は増えますが，過去問の発展形と言えるので特殊な対策は必要なく，過去問で複数資料の問題に慣れておけば問題ありません。

　リスニングについては，既存の第5問をわずかに改訂した問題のみが公表されました。これによると，既存の第5問に比べて試作問題の第5問では問題冊子に与えられる情報がやや減少し，その分，音声情報だけを用いて情報を把握しなければならない問題が見受けられたため，**難度がやや高くなる可能性**があります。

　他の問題についても，徐々に形式を変化させる可能性は考えられますが，試される力は，これまでと同様に，学校で学んで身につけられる範囲のもののはずです。どのような形式の問題が出題されても驚かないよう，心づもりをしておきましょう。

山添玉基先生から，受験生の皆さんへ
― 応援メッセージ ―

　共通テストの英語で高得点をあげるには，まず，**語彙力の増強と文法的に正しく英文を読んだり聞いたりする力を養うこと**が欠かせません。分量が多いリーディングでは「速読できる楽な方法があるのではないか」と思いがちですが，残念ながらそうした方法はありませんし，「これさえ知っておけば高得点が取れる！」といったいわゆる「受験テクニック」も存在しません。ただひたすらに，**正確に読み（聞き），正確に考え，正確に解くこと**しかないのです。それこそが攻略の王道，かつ最短経路なのです。

　そして，その際，**最も役に立つのが過去問**です。共通テストそのものの過去問はプレテストを含めてもまだわずかですが，センター試験の過去問の中にも共通テストに引き継がれている形式や内容のものがあります。そこで，本書では，主に共通テストとセンター試験の過去問を通して，共通テストのために身につけるべき力について解説しています。本書を通じて，共通テストに必要な基礎学力を養ってください。

You can make it!!

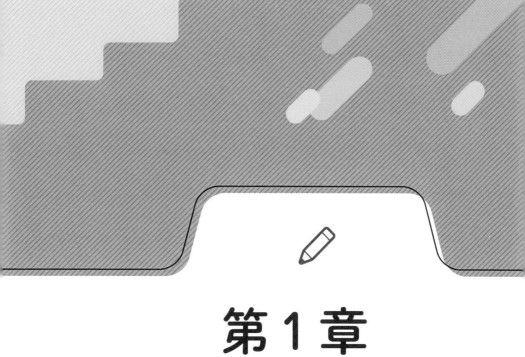

第1章

情報を選び出す／
言い換えを見抜く

アプローチ

■ 必要な情報を探すために

　共通テストのリーディングの問題では，なによりもまず，設問で求められている情報が本文のどこにあるのかを探すことが必要です。しかし，「本文は読めるけれど，設問が解けない」ということもたびたびあります。これは，**正解となる選択肢が巧妙に言い換えられている**ためで，解答の際は原則として消去法で誤りの選択肢を消し，さらに，正解の選択肢が本文のどこをどのように言い換えているのかを見抜かねばなりません。

　もちろん，その根底には，①語彙力（目安は，英文の95％以上の語彙がわかること。それには通例，最低でも4,000語レベルのワードファミリーの知識が必要）と，②文法的に正しく構文を把握する力が必須です。語彙や文法・語法に関する知識がない（もしくは，足りない）状態では，英文を正確に読んだり，設問に的確に解答したりすることはできません。

　また，本文と選択肢の言い換えだけでなく，本文中でも一つのことがさまざまな表現に言い換えられていることが多いということにも注意しましょう。そもそも**英語では「同一表現の単純な反復」を避ける**傾向があり，とりわけ，専門家や知識人が書いた英文ではその傾向が顕著に見られます。英文の内容を正しく理解し，設問に正解するためにも，言い換えを意識することが大切です。試しに，以下の英文を読んで「言い換え」を指摘してみましょう。

　The French government will prohibit students from using mobile phones in schools from September, 2018. Students will be allowed to bring their phones to school, but not allowed to use them at any time in school without special permission. This rule will apply to all students in the country's primary and middle schools.　〔第2回プレテスト　第2問Bより〕

訳　フランス政府は生徒が学校で携帯電話を使用することを2018年9月から禁止することになっています。生徒は学校に電話を持ってくることは許されますが，特別な許可なくそれを学校で使うことは常に禁止されます。この規則はその国の小学校と中学校のすべての生徒に適用されます。

---

　1 文目の mobile　phones が 2 文目では phones に言い換えられ，さらに them に言い換えられています。3 文目の This　rule とは，2 文目に書かれていた内容をまとめて言い換えたものです。また，3 文目の the　country's とは，1 文目の The French government から，フランスのことであるとわかります。

　では，次の問題を解いてみましょう。その際，本文の根拠となる箇所に下線を引いておきましょう。

 例題 1

　You are a member of the English club. You are going to have a farewell party for one of the members, Yasmin from Malaysia. You have received a note from Amelia, an Assistant Language Teacher (ALT) and the club advisor.

> Dear members of the English club,
>
> 　It's about time we decide when to have the English club farewell party for Yasmin. She's leaving Japan on December 15, so the club members should meet sometime next week. Can you ask Yasmin which day is convenient for her to come to the party and let me know? When the day is fixed, I'll help you by planning a few nice surprises. Also, is it all right if I invite other students? I know some students from the tennis team who want to take part because they really had a good time playing tennis with her over the past six months.
>
> Best wishes,
> Amelia

問1　The teacher wants you to ask Yasmin ⬚.
  ① what she would like to eat at the party
  ② when she can attend the party
  ③ where she would like to have the party
  ④ who she would like to invite to the party

問2　The teacher would also like to invite ⬚.
  ① a few students who don't belong to the English club
  ② all the members of the English club and the tennis team
  ③ some of Yasmin's other English teachers
  ④ students who want to study abroad in Malaysia

〔第2回プレテスト　第1問Aより〕

▶　解答

問1　正解：②
先生はあなたに，ヤスミンに⬚を尋ねてほしいと思っている。
  ①　彼女がパーティーで何を食べたいのか
  ②　彼女がいつパーティーに出席できるか
  ③　彼女がどこでパーティーを開きたいのか
  ④　彼女がパーティーに誰を招待したいか

▶メモ（note）の第3文 Can you ask … let me know?「ヤスミンにどの日が彼女がパーティーに来るのに都合がよいか尋ねて，私に知らせてくれる？」が根拠となる。メモの which day is convenient for her to come to the party が，選択肢で when she can attend the party と言い換えられていることに注意。

問2　正解：①
先生は⬚を招きたいとも思っている。
  ①　英語クラブに所属していない数名の生徒
  ②　英語クラブとテニスチームのすべてのメンバー
  ③　ヤスミンの他の英語の先生たちの一部
  ④　マレーシアに留学したい生徒たち

▶メモ（note）の第5文 Also, is it … invite other students?「それから，他の生徒たちを招いても大丈夫？」と，第6文 I know some … past six months.「テニス

部で参加したい生徒を何人か知っているの。というのも彼らは過去6カ月にわたって彼女とテニスをして本当に楽しく過ごしたから」が根拠となる。メモの some students from the tennis team が，選択肢では a few students who don't belong to the English club と言い換えられていることに注意しよう。

▶また，このように根拠となる本文の該当箇所が複数のセンテンスにまたがっている場合もあることにも気をつけよう。

訳　《英語部のお別れ会の計画》

　あなたは英語部の部員です。あなたは部員の1人である，マレーシア出身のヤスミンのためにお別れ会を開く予定です。あなたは英語教員助手で部活の顧問であるアメリアから伝言メモを受け取りました。

> 英語部の部員の皆様へ
> 　そろそろいつヤスミンの英語部のお別れ会を開くかを決める頃です。彼女は12月15日に日本を発つ予定なので，部員は来週のどこかで集まるべきです。ヤスミンにどの日が彼女にとってパーティーに来るのに都合がいいか聞いて私に知らせてくれますか？　日取りが決まったら，私はいくつかの素敵なサプライズを計画してあなたたちを手伝うつもりです。また，私が他の生徒を招待しても大丈夫でしょうか？　参加したいと思っているテニス部の生徒を何人か知っています。なぜなら彼らはここ6カ月にわたって彼女とテニスをして楽しんでいたからです。
> 敬具
> アメリア

例題2

You are a member of the student council. The members have been discussing a student project helping students to use their time efficiently. To get ideas, you are reading a report about a school challenge. It was written by an exchange student who studied in another school in Japan.

Commuting Challenge

Most students come to my school by bus or train. I often see a lot of students playing games on their phones or chatting. However, they could also use this time for reading or doing homework. We started this activity to help students use their commuting time more effectively. Students had to complete a commuting activity chart from January 17th to February 17th. A total of 300 students participated: More than two thirds of them were second-years; about a quarter were third-years; only 15 first-years participated. How come so few first-years participated? Based on the feedback (given below), there seems to be an answer to this question:

(以下略)

問　The aim of the Commuting Challenge was to help students to ☐.
① commute more quickly
② improve their test scores
③ manage English classes better
④ use their time better

〔2023 年度本試験　第2問Bより〕

▶　解答

問　正解：④
通学チャレンジの目的は，生徒が ☐ のを支援することであった。
① より早く通学する
② テストの点数を上げる
③ 英語の授業をよりよく管理する
④ 時間を有効に使う

▶レポートの第1段第4文 We started this activity to help students use their commuting time more effectively.「私たちがこの活動を始めたのは，生徒たちが自分たちの通学時間をより効率的に使う手助けをするためです」という内容から，④が正解となる。

▶本文で「目的」を表す副詞的用法の不定詞 to help が使われていることから，設問で問われている aim（目的）がその箇所の言い換えを選ぶ問題だと判断する。

訳　あなたは生徒会のメンバーです。生徒会のメンバーは，生徒が時間を効率的に使えるようにすることを支援する学生プロジェクトについて議論しています。アイデアを得るために，あなたはある学校の課題に関するレポートを読んでいます。このレポートは，日本の他の学校に留学していた留学生によって書かれたものです。

通学チャレンジ

　私の学校には，ほとんどの生徒がバスや電車でやってきます。スマホでゲームをしたり，おしゃべりしている生徒をよく見かけます。しかし，この時間を読書や宿題に充てることも可能です。私たちは，生徒たちが通学時間をもっと有効に使えるよう手助けをするために，この活動を始めました。1月17日から2月17日まで，生徒たちに「通学時間活動表」を記入してもらいました。合計300人の生徒が参加しました。3分の2以上が2年生，4分の1程度が3年生で，1年生は15名しかいませんでした。なぜ，1年生の参加者がそんなに少なかったのでしょうか？（以下に挙げる）その感想から，この疑問への答えがありそうです。

（以下略）

　このように，正解の選択肢は本文の表現を言い換えたものが多く，見抜きにくいこともたびたびあります。また，複数の箇所の内容をまとめて言い換えた選択肢もありますから，選択肢と本文の対応を日頃から慎重に照らし合わせる習慣をつけることが必要です。「なぜこの選択肢は誤りなのか」「なぜこの選択肢が正しいのか（本文のどの箇所の言い換えなのか）」を自分の言葉で説明できるように日頃から練習しましょう。

第1章の学習チェックポイント

以下のことに注意しながら，第1章の問題を解いてみましょう。

- ☐ 本文・設問・選択肢を正確に読める十分な語彙力を身につけているか？
- ☐ 英文を文法的に正しく読めるか？
- ☐ 英文を読む際，言い換えに意識を向けているか？
- ☐ 設問を読み，本文中の該当箇所を見抜けるか？
- ☐ 誤りの選択肢について，なぜ誤りなのか根拠を説明できるか？
- ☐ 正解の選択肢について，本文のどの箇所を根拠として正解としているのか説明できるか？

MEMO _____

演習問題

 You are planning to go to an amusement park in Hong Kong. You are looking at its webpage.

This webpage will help you find the best dates to visit Blue Stone Amusement Park.

What's New

A new show titled "Pirates' Adventure" will start on November 13.

Crowd Calendar

On the following calendar, you can see the opening and closing times, and the crowd levels. The percentage in each box is an estimate of the number of people expected to be in the park. The maximum, 100%, is shown by the face icon. The percentage is calculated automatically based on advance ticket sales and past data.

On the days with the face icon, entrance to the park will be difficult. Visitors without an advance ticket may have to wait at the entrance gate for a long time. Advance tickets are only available online one week ahead.

By clicking each date on the calendar, you can see detailed information about the average waiting time for each attraction.

Crowd Calendar for November (information updated daily)

Monday	Tuesday	Wednesday	Thursday	Friday	Saturday	Sunday
5	**6**	**7**	**8**	**9**	**10**	**11**
55% 9:00–17:00	65% 9:00–19:00	70% 9:00–19:00	70% 9:00–19:00	85% 9:00–21:00	90% 9:00–21:00	(face) 9:00–21:00
12	**13**	**14**	**15**	**16**	**17**	**18**
55% 9:00–16:00	(face) 9:00–21:00	(face) 9:00–21:00	90% 9:00–21:00	85% 9:00–21:00	(face) 9:00–21:00	90% 9:00–21:00

問1　If you go to the park on November 13 without an advance ticket, at the entrance gate you will probably ⬚.

① go straight in

② have to pay 55 % more to enter

③ have to show your parking ticket

④ stand in a long line

問2　When you click the dates on the calendar, you will find information about ⬚.

① how long visitors have to wait for the attractions

② the cost of the advance tickets for the attractions

③ the food and drinks at various park restaurants

④ where visitors can park their cars at Blue Stone

〔第1回プレテスト　第1問A〕

2 You are visiting a Japanese university during its open campus day. You have found a poster about an interesting event.

The Holiday Planning Research Club **HPRC**

Open Campus Event

HPRC Meeting for High School Students

What is the HPRC?
One of the greatest parts of university life is the lovely long holiday breaks. The Holiday Planning Research Club (HPRC) is run by Japanese and international students. Our club welcomes students from all years and from every department. Our purpose is to help each other make interesting holiday plans.

Date: Saturday, October 27 from 2:00 until 3:30 p.m.

Place: The Independent Learning Center

Event: Four students will tell you about their own recent experiences during their vacations. See the table below for outlines of the presentations.

Speaker	Description	Location
1. Mary MacDonald Department of Agriculture	* Did hard work in rice and vegetable fields * No cost to live with a host family	A farm in Ishikawa Prefecture
2. Fumihiro Shimazu Department of Japanese Language and Culture	* Prepared teaching materials for a Japanese language teacher * Paid his own airfare and insurance	A primary school in Cambodia
3. Risa Nishiura Department of Tourism	* Assisted foreign chefs with cooking and translation * Good pay	A Spanish restaurant in Tokyo
4. Hiroki Kobayashi Department of Education	* Taught judo * Free airfare and room	A junior Olympic training camp in Bulgaria

Message for University Students

Join Us as a Speaker at the December HPRC Meeting!

You have a total of 12 minutes. Your talk, in English, should be about 8 minutes. Please prepare slides with photos. After each talk, there is a 4-minute question period and the audience usually asks lots of questions. You can get more information on our website (http://www.hprc-student.net/).

問1 The HPRC is organized and led by ☐.

① NGO staff
② students
③ teachers
④ university staff

問2 You can learn from each of the four speakers about ☐.

① interesting courses in different departments of the university
② low-cost trips to other countries in the world
③ outside-of-class experiences during university breaks
④ volunteer work with children in developing countries

問3 At the December meeting, the HPRC speakers should ☐.

① be ready to answer questions
② put their speech scripts on the website
③ speak in English and Japanese
④ talk for about 20 minutes

〔第1回プレテスト 第1問B〕

3 You are studying about Brazil in the international club at your senior high school. Your teacher asked you to do research on food in Brazil. You find a Brazilian cookbook and read about fruits used to make desserts.

Popular Brazilian Fruits	
 **Cupuaçu**	 **Jabuticaba**
· Smells and tastes like chocolate · Great for desserts, such as cakes, and with yogurt · Brazilians love the chocolate-flavored juice of this fruit.	· Looks like a grape · Eat them within three days of picking for a sweet flavor. · After they get sour, use them for making jams, jellies, and cakes.
 **Pitanga**	 **Buriti**
· Comes in two varieties, red and green · Use the sweet red one for making cakes. · The sour green one is only for jams and jellies.	· Orange inside, similar to a peach or a mango · Tastes very sweet, melts in your mouth · Best for ice cream, cakes, and jams

＊出典追記（写真）
Cupuaçu：Vanessa Volk/Shutterstock.com
Jabuticaba：Jobz Fotografia/Shutterstock.com
Pitanga：artpritsadee/Shutterstock.com
Buriti：PARALAXIS/Shutterstock.com
※Buriti については，著作権の都合により，類似の写真と差し替えています。

問１　Both *cupuaçu* and *buriti* can be used to make ☐.

① a cake

② chocolate

③ ice cream

④ yogurt

問２　If you want to make a sour cake, the best fruit to use is ☐.

① *buriti*

② *cupuaçu*

③ *jabuticaba*

④ *pitanga*

〔2022 年度本試験　第１問Ａ〕

4 You are looking at the website for the City Zoo in Toronto, Canada and you find an interesting contest announcement. You are thinking about entering the contest.

Contest!

Name a Baby Giraffe

Let's welcome our newest animal to the City Zoo!

A healthy baby giraffe was born on May 26 at the City Zoo.
He's already walking and running around!
He weighs 66 kg and is 180 cm tall.
Your mission is to help his parents, Billy and Noelle, pick a name for their baby.

How to Enter

◆ Click on the link here to submit your idea for his name and follow the directions. → **Enter Here**

◆ Names are accepted starting at 12:00 a.m. on June 1 until 11:59 p.m. on June 7.

◆ Watch the baby giraffe on the live web camera to help you get ideas.
→ **Live Web Camera**

◆ Each submission is $5. All money will go towards feeding the growing baby giraffe.

Contest Schedule

June 8	The zoo staff will choose five finalists from all the entries. These names will be posted on the zoo's website by 5:00 p.m.
June 9	How will the parents decide on the winning name? Click on the live stream link between 11:00 a.m. and 12:00 p.m. to find out! → **Live Stream** Check our website for the winning name after 12:00 p.m.

Prizes

All five contest finalists will receive free one-day zoo passes valid until the end of July.
The one who submitted the winning name will also get a special photo of the baby giraffe with his family, as well as a private Night Safari Tour!

問1　You can enter this contest between ☐.

① May 26 and May 31
② June 1 and June 7
③ June 8 and June 9
④ June 10 and July 31

問2　When submitting your idea for the baby giraffe's name, you must ☐.

① buy a day pass
② pay the submission fee
③ spend five dollars at the City Zoo
④ watch the giraffe through the website

問3　If the name you submitted is included among the five finalists, you will ☐.

① get free entry to the zoo for a day
② have free access to the live website
③ meet and feed the baby giraffe
④ take a picture with the giraffe's family

〔2022年度本試験　第1問B〕

5 You are a senior high school student and thinking about studying abroad. You find an advertisement for an online event where you can learn about studying and working in the US.

Online Study Abroad and Career Information Sessions 2022

The American Students' Network is planning three Virtual Sessions.

Session Date/Time*	Details
Study: Senior High School (for junior and senior high school students)	
Virtual Session 1 July 31 3 p.m.-5 p.m.	What is it like to study at an American senior high school? ➢ Classes, homework, and grades ➢ After-school activities and sports ☆ You will hear from students all over the US. Take a chance to ask questions!
Study: University (for senior high school students)	
Virtual Session 2 August 8 9 a.m.-12 p.m.	What can you expect while studying at a university in the US? ➢ Advice for succeeding in classes ➢ Campus life and student associations ☆ Listen to a famous professor's live talk. Feel free to ask questions!
Work: Careers (for senior high school and university students)	
Virtual Session 3 August 12 1 p.m.-4 p.m.	How do you find a job in the US? ➢ Job hunting and how to write a résumé ➢ Meet a wide range of professionals including a flight attendant, a chef, an actor, and many more! ☆ Ask questions about their jobs and work visas.

*Central Standard Time (CST)

Click here to register by July 29, 2022. → **Session Registration**

Please provide your full name, date of birth, email address, name of your school, and indicate the virtual session(s) you're interested in.

問1　On which day can you listen to a lecture?

① July 29
② July 31
③ August 8
④ August 12

問2　You should attend Sessions 1 and 2 to ⬚.

① find out about application procedures
② get information about studying in the US
③ share your study abroad experiences
④ talk to people with different jobs

問3　To register for any of these virtual sessions, you need to supply ⬚.

① questions you have
② your birthday
③ your choice of career
④ your home address

〔2022 年度追試験　第１問Ｂ〕

6 You have received a flyer for an English speech contest from your teacher, and you want to apply.

The 7ᵗʰ Youth Leader Speech Contest

The Youth Leader Society will hold its annual speech contest. Our goal is to help young Japanese people develop communication and leadership skills.

This year's competition has three stages. Our judges will select the winners of each stage. To take part in the Grand Final, you must successfully pass all three stages.

The Grand Final

Place: Centennial Hall

Date: January 8, 2022

Topic: *Today's Youth, Tomorrow's Leaders*

GRAND PRIZE
The winner can attend *The Leadership Workshop* in Wellington, New Zealand in March 2022.

Contest information:

Stages	Things to Upload	Details	2021 Deadlines & Dates
Stage 1	A brief outline	Number of words: 150-200	Upload by 5 p.m. on August 12
Stage 2	Video of you giving your speech	Time: 7-8 minutes	Upload by 5 p.m. on September 19
Stage 3		Local Contests: Winners will be announced and go on to the Grand Final.	Held on November 21

Grand Final Grading Information

Content	Gestures & Performance	Voice & Eye Contact	Slides	Answering Questions from Judges
50%	5%	5%	10%	30%

> You must upload your materials online. All dates and times are Japan Standard Time (JST).

> You can check the results of Stage 1 and 2 on the website five days after the deadline for each stage.

For more details and an application form, click *here*.

問1　To take part in the first stage, you should upload a ⬚.

① completed speech script
② set of slides for the speech
③ summary of your speech
④ video of yourself speaking

問2　From which date can you check the result of the second stage?

① September 14
② September 19
③ September 24
④ September 29

問3　To get a high score in the Grand Final, you should pay most attention to your content and ⬚.

① expressions and gestures
② responses to the judges
③ visual materials
④ voice control

〔2021 年度本試験（第2日程）　第1問B〕

Your British friend, Jan, visited a new amusement park and posted a blog about her experience.

Sunny Mountain Park: A Great Place to Visit

Posted by Jan at 9.37 pm on 15 September 2020

- -

Sunny Mountain Park finally opened last month! It's a big amusement park with many exciting attractions, including a huge roller coaster (see the map). I had a fantastic time there with my friends last week.

We couldn't wait to try the roller coaster, but first we took the train round the park to get an idea of its layout. From the train, we saw the Picnic Zone and thought it would be a good place to have lunch. However, it was already very crowded, so we decided to go to the Food Court instead. Before lunch, we went to the Discovery Zone. It was well worth the wait to experience the scientific attractions there. In the afternoon, we enjoyed several rides near Mountain Station. Of course, we tried the roller coaster, and we weren't disappointed. On our way back to the Discovery Zone to enjoy more attractions, we took a short break at a rest stop. There, we got a lovely view over the lake to the castle. We ended up at the Shopping Zone, where we bought souvenirs for our friends and family.

Sunny Mountain Park is amazing! Our first visit certainly won't be our last.

第1章

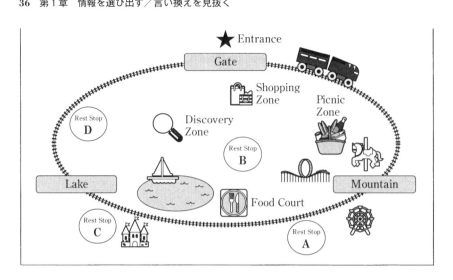

問1　From Jan's post, you learn that ☐.

① Jan skipped going to the Shopping Zone for gifts
② Jan waited for a while to enjoy the scientific attractions
③ the Food Court was more crowded than the Picnic Zone
④ the roller coaster did not meet Jan's expectations

問2　At which rest stop did Jan and her friends take a break in the afternoon?

① Rest Stop A
② Rest Stop B
③ Rest Stop C
④ Rest Stop D

〔2021年度本試験（第2日程）　第3問A〕

解答解説

1 問1　正解は④　　問2　正解は①

訳 《香港のアミューズメントパーク》

　あなたは香港のアミューズメントパークに行く計画を立てています。あなたはそのウェブサイトを見ています。

 トップ> 混雑具合カレンダー 🔍 [　　　　] 　　ブルーストーンアミューズメントパーク 英語 中国語

このウェブサイトを見れば，ブルーストーンアミューズメントパークを訪れる最もよい日取りが見つかりやすくなります。

新着情報

　「海賊の冒険」というタイトルの新しいショーが11月13日に始まります。

混雑具合カレンダー

[第1段]　次のカレンダーで，開園時刻と閉園時刻，そして混雑具合が見られます。各欄の中のパーセンテージは来園が見込まれる人数の推定です。最大，つまり100％は顔のアイコンで示されています。パーセンテージは前売り券の売上数と過去のデータに基づいて自動的に算出されています。

[第2段]　顔のアイコンのある日は入場が難しくなります。前売り券を持っていない来園者は入場口で長い間待たなくてはならないかもしれません。前売り券は1週間前までオンラインのみで購入可能です。

[第3段]　カレンダーのそれぞれの日付をクリックすると，各アトラクションの平均待ち時間に関する詳細情報が見られます。

11月の混雑具合カレンダー(毎日情報更新されます)						
月曜日	火曜日	水曜日	木曜日	金曜日	土曜日	日曜日
5	**6**	**7**	**8**	**9**	**10**	**11**
55%	**65%**	**70%**	**70%**	**85%**	**90%**	
9:00-17:00	9:00-19:00	9:00-19:00	9:00-19:00	9:00-21:00	9:00-21:00	9:00-21:00
12	**13**	**14**	**15**	**16**	**17**	**18**
55%	😖	😖	**90%**	**85%**	😖	**90%**
9:00-16:00	9:00-21:00	9:00-21:00	9:00-21:00	9:00-21:00	9:00-21:00	9:00-21:00

語句・構文

［第1段］▶ based on ～「～に基づいて」
［第2段］▶ visitor without an advance ticket「前売り券を持っていない来園者」
［第3段］▶ detailed information「詳細情報」
　　　　　▶ average waiting time「平均待ち時間」

問1　正解は④

「もしあなたが11月13日に前売り券なしでパークに行けば，入場口であなたはおそらく⬚⬚⬚だろう」

カレンダーから，11月13日は顔のアイコンがあるので混雑具合が100％であることがわかる。第2段第1・2文に「顔のアイコンのある日は入場が難しくなります。前売り券を持っていない来園者は入場口で長い間待たなくてはならないかもしれません」とあることから，④「**長い列に並ぶ**」が正解。
① 「まっすぐ入る」
② 「入場するために55％多く払わなくてはならない」
③ 「駐車券を見せなくてはならない」

問2　正解は①

「カレンダー上の日付をクリックすると，あなたは⬚⬚⬚についての情報を見つけるだろう」

第3段に「カレンダーのそれぞれの日付をクリックすると，各アトラクションの平均待ち時間に関する詳細情報が見られます」とあることから，①「**来園者がどれくらい長くアトラクションを待たなくてはならないか**」が正解。
② 「アトラクションのための前売り券の価格」
③ 「各種パークレストランの食べ物と飲み物」
④ 「ブルーストーンで来園者がどこに車を停められるか」

2　問1　正解は②　問2　正解は③　問3　正解は①

訳　《休日計画調査部（HPRC）》

　あなたは日本の大学をオープンキャンパス中に訪問しています。あなたは興味深いイベントについてのポスターを見つけました。

休日計画調査部　HPRC

高校生のための HPRC ミーティング

HPRC とは何か？
大学生活の最高の部分のひとつは素晴らしい長期休暇です。休日計画調査部（HPRC）は日本人学生と留学生によって運営されています。我々のクラブはすべての学年とすべての学部の学生を歓迎します。我々の目的はお互いに助け合って興味深い休日計画を立てられるようにすることです。

日時：10月27日，土曜日，午後2時から3時30分まで
場所：個別学習センター
イベント内容：4人の学生が休暇中の自身の最近の体験について話します。プレゼンテーションの概要は以下の表を見てください。

講演者	概要	場所
1．マリー=マクドナルド 農学部	*田んぼや野菜畑で重労働 *ホストファミリーとの生活は無料	石川県の農場
2．シマヅフミヒロ 日本語文化学部	*日本語教師のために教材を準備 *航空運賃と保険代は自己負担	カンボジアの小学校
3．ニシウラリサ 観光学部	*料理と通訳で外国人シェフを補佐 *良い給料	東京のスペイン料理店
4．コバヤシヒロキ 教育学部	*柔道を教えた *航空運賃と宿泊費は無料	ブルガリアのジュニアオリンピックのトレーニング合宿

大学の学生へのメッセージ

12月の HPRC ミーティングに講演者として参加してください！ 持ち時間は全部で12分です。講演は英語で行い，およそ8分ほどです。写真付きのスライドを用意してください。各講演後，4分間の質問時間があり，聴衆はたいていたくさんの質問をします。我々のウェブサイトでより多くの情報が得られます（http://www.hprc-student.net/）。

語句・構文　▶ department「学部」
　　　　　　　▶ teaching materials「教材」
　　　　　　　▶ airfare「航空運賃」
　　　　　　　▶ insurance「保険，保険金」

問1　正解は②

「HPRC は□□□によって組織，運営されている」

ポスター上部の「HPRC とは何か？」の欄に，「休日計画調査部（HPRC）は日本人学生と留学生によって運営されています」とある。したがって②**「学生」**が正解。

①「NGO 職員」

③「教員」

④「大学職員」

問2　正解は③

「あなたは4人の講演者のそれぞれから□□□について学べる」

ポスター中ほどに，「イベント内容：4人の学生が休暇中の自身の最近の体験について話します」とある。したがって③**「大学の休暇中の授業外の体験」**が正解。

①「大学のさまざまな学部の興味深いコース」

②「世界の他の国への低予算旅行」

④「発展途上国の子供たちとのボランティア活動」

問3　正解は①

「12月のミーティングでは，HPRC の講演者は□□□べきだ」

ポスター下部を参照。「各講演後，4分間の質問時間があり，聴衆はたいていたくさんの質問をします」とある。よって，①**「質問に答えられるよう準備する」**が正解。

②「自分の講演原稿をウェブサイトにのせる」

③「英語と日本語で話す」

④「20分程度話す」

3　問1　正解は① 　問2　正解は③

訳 《デザートに使う果物》

　あなたは高校の国際クラブでブラジルについて研究している。先生はあなたにブラジルの食べ物について調べるように求めた。あなたはブラジル料理の本を見つけ，デザートを作るのに使われる果物について読む。

人気のあるブラジルのフルーツ	
 クプアス	 ジャボチカバ
・チョコレートのような香りと味がする ・ケーキや，ヨーグルトとともに食べるなど，デザートにうってつけ ・ブラジル人は，この果物のチョコレート風味のジュースが大好き。	・見た目はブドウのよう ・甘い風味を楽しむには，収穫から3日以内に食べるべし。 ・酸味が増したあとは，ジャム，ゼリー，ケーキを作るのに使う。
 ピタンガ	 ブリチー
・赤と緑の2種類がある ・甘い赤のものはケーキに使う。 ・酸味のある緑のものはジャムとゼリーにのみ使用する。	・中がオレンジ色で，モモやマンゴーに似ている ・とても甘く，口の中でとろける ・アイスクリーム，ケーキ，ジャムに使うのが最適

語句・構文

▶ within *A* of *B*「*B* から *A* 以内に」　この前置詞 of は「～（根源・出どころ）から」の意味。距離にも使える。

▶ come in *A*「（品物などが）*A*（大きさ・色など）で売られている，入手できる」

問1　正解は①

「クプアスもブリチーも[　　　]を作るのに使える」

クプアスの説明2番目と3番目に「ケーキや，ヨーグルト」「ジュース」と，ブリチーの説明3番目に「アイスクリーム，ケーキ，ジャム」と，向いているデザートが挙げられている。共通するのは「ケーキ」。①**「ケーキ」**が正解。

②「チョコレート」

③「アイスクリーム」

④「ヨーグルト」

問2　正解は③

「酸味のあるケーキを作りたいなら，使うのに最適な果物は[　　　]である」

sour「酸味のある，すっぱい」という記述があるのは，ジャボチカバと緑のピタンガだが，向いているデザートとしてケーキが挙がっているのはジャボチカバのほうである。③**「ジャボチカバ」**が正解。

①「ブリチー」

②「クプアス」

④「ピタンガ」

　求められているキーワードを探し，情報を的確に整理すること。また，問1では二つの情報の共通点を探すことが求められている。　POINT

4 問1 正解は② 問2 正解は② 問3 正解は①

訳 《赤ちゃんキリンの名前の公募》

あなたはカナダのトロントにある市立動物園のウェブサイトを見ており，興味深いコンテストの告知を見つける。あなたはコンテストに参加することを検討している。

コンテスト開催！

キリンの赤ちゃんに名前をつけてください

市立動物園の一番新しい仲間を歓迎しましょう！

元気なキリンの赤ちゃんが5月26日，市立動物園で誕生しました。
もう歩き回ったり走り回ったりしています！
体重は66キロ，身長は180センチです。
みなさんの任務は，この子の両親，ビリーとノエルが赤ちゃんの名前を選ぶお手伝いです。

参加方法

◆　ここのリンクをクリックして，あなたの考えた赤ちゃんの名前を送り，指示に従ってください。　　　　　　　　　　　　　　　　　　→ ここから参加

◆　名前は，6月1日午前0時から6月7日午後11時59分まで受け付けます。

◆　アイデアのヒントに，ライブのウェブカメラでキリンの赤ちゃんをご覧ください。　　　　　　　　　　　　　　　　　　　　　　→ ライブ・ウェブカメラ

◆　応募1件につき5ドルです。お金はすべて成長するキリンの赤ちゃんのエサ代になります。

コンテストのスケジュール

6月8日	動物園の職員が，すべての応募の中から最終候補を5つ選びます。これらの名前は，午後5時までに当園のウェブサイトに掲示します。
6月9日	赤ちゃんの両親は優勝の名前をどのように決めるのでしょうか？午前11時から正午の間にライブストリームのリンクをクリックしてくれたらわかります！　　　　　　　　　→ ライブストリーム選ばれた名前を見るには，正午以降に当園のウェブサイトを確認してください。

賞品

最終候補の5名は全員，7月末まで有効な動物園1日フリーパスを受け取れます。優勝の名前を送ってくださった方は，貸し切りナイトサファリ・ツアーに加えて，キリンの赤ちゃんとその家族が写った特別な写真ももらえます！

語句・構文

▶ submit「～を提出する」

▶ valid「有効な」

問1　正解は②

「このコンテストには，　　　　　　の間に参加できる」

「参加方法」の2つ目の項目に「名前は，6月1日午前0時から6月7日午後11時59分まで受け付ける」とある。②「**6月1日から6月7日**」が正解。

① 「5月26日から5月31日」

③ 「6月8日から6月9日」

④ 「6月10日から7月31日」

問2　正解は②

「考えたキリンの赤ちゃんの名前を送るとき，　　　　　しなければならない」

「参加方法」の最後の項目に「応募1件につき5ドル」とある。②「**応募料を払う**」が正解。

① 「1日パスを買う」

③ 「市立動物園で5ドル使う」

④ 「ウェブサイトでそのキリンを見る」

問3　正解は①

「もしあなたの提出した名前が最終候補5つの中に含まれていれば，あなたは　　　　　　」

「賞品」の最初の文に「最終候補の5名は全員，7月末まで有効な動物園1日フリーパスを受け取れる」とある。①「**動物園に1日無料で入れる**」が正解。

② 「ライブ・ウェブサイトに無料でアクセスできる」

③ 「キリンの赤ちゃんに会い，エサをやれる」

④ 「キリンの家族と一緒に写真を撮れる」

5　問1　正解は③　　問2　正解は②　　問3　正解は②

訳 《オンライン説明会の広告》
　あなたは高校生で，留学を考えている。アメリカで勉強したり仕事をしたりすることについて学ぶことができるオンラインのイベントの広告を見つける。

留学と職業情報オンライン説明会 2022
アメリカ学生ネットワークは 3 つのバーチャル説明会を計画しています。

説明会 日付／時間*	詳細
学ぶ：高校（中学生・高校生向け）	
バーチャル説明会 1 7 月 31 日 午後 3 時〜午後 5 時	アメリカの高校で学ぶのはどんな感じ？ ➢ 授業，宿題，成績 ➢ 放課後の活動とスポーツ ☆ アメリカ全土の学生から話を聞きます。質問する機会を生かしましょう！
学ぶ：大学（高校生向け）	
バーチャル説明会 2 8 月 8 日 午前 9 時〜午後 0 時	アメリカの大学で学ぶ間に期待できることは？ ➢ 授業で成功するためのアドバイス ➢ 大学生活と学生協会 ☆ 著名な教授の話をライブで聞きましょう。遠慮なく質問してください！
働く：職業（高校生・大学生向け）	
バーチャル説明会 3 8 月 12 日 午後 1 時〜午後 4 時	アメリカでの仕事の見つけ方は？ ➢ 就職活動と履歴書の書き方 ➢ 客室乗務員，シェフ，俳優，その他多数の幅広い職業の人たちに会いましょう！ ☆ 彼らの仕事や就労用ビザについて質問してください。

*米国中部標準時（CST）

登録は 2022 年 7 月 29 日までにここをクリック。　→**説明会登録**
あなたの氏名，生年月日，メールアドレス，学校名を入力し，興味のあるバーチャル説明会（複数可）を示してください。

▎語句・構文

▶ session「特定の活動の集まり，機会，期間」　ここでは内容上「説明会」とした。

▶ feel free to *do*「自由に〔遠慮なく〕～する」

▶ job hunting「就職〔求職〕活動」

▶ résumé「履歴書」　もとはフランス語で，フランス語特有の記号（アクサン）がついている。

問1　正解は③

「講義を聞くことができるのはどの日か」

広告の中に lecture「講義」という言葉はないが，バーチャル説明会2の☆（Listen to a …）に「著名な教授の話をライブで聞こう」とあるので，これが，講義のある説明会と考えられる。③「8月8日」が正解。

① 「7月29日」

② 「7月31日」

④ 「8月12日」

問2　正解は②

「＿＿＿＿ためには説明会1と2に参加すべきである」

説明会1と2はいずれも「学ぶ」というテーマで，それぞれ高校と大学で学ぶことに関するものである。②「アメリカで学ぶことに関する情報を得る」が正解。

① 「申し込み手続きについて知る」

③ 「自分の留学経験を共有する」

④ 「さまざまな職業の人たちと話す」

問3　正解は②

「これらのバーチャル説明会のどれであれ登録するには，＿＿＿＿を提供する必要がある」

広告の最後（Please provide your …）に「あなたの氏名，生年月日，メールアドレス，学校名を入力し，興味のあるバーチャル説明会（複数可）を示してください」とある。②「あなたの生年月日」が正解。

① 「あなたが抱えている質問」

③ 「あなたが選択する職業」

④ 「あなたの家の住所」

6 問1　正解は③　　問2　正解は③　　問3　正解は②

訳　《英語スピーチコンテストの案内》

　あなたは先生から英語スピーチコンテストのチラシを受け取りました。あなたは応募したいと思っています。

第7回　ユースリーダー・スピーチコンテスト

　ユースリーダー協会は，年次スピーチコンテストを開催します。その目的は，日本の若者がコミュニケーション能力とリーダーシップの技術を養うのを支援することです。

　今年のコンテストには3つのステージがあります。当協会のジャッジが各ステージの勝者を選びます。グランドファイナルに参加するためには，3つのステージのすべてを見事に勝ち進まなければなりません。

グランドファイナル

会場：百周年記念ホール
日付：2022年1月8日
トピック：今日の若者，明日のリーダー

最優秀賞
受賞者は2022年3月にニュージーランドのウェリントンで開催されるリーダーシップワークショップに参加できます。

コンテスト情報：

ステージ	アップロードするもの	詳細	2021年の締切日時
第1ステージ	簡潔な概要	語数：150〜200語	8月12日午後5時までにアップロードすること
第2ステージ	あなたのスピーチ動画	動画の長さ：7〜8分	9月19日午後5時までにアップロードすること
第3ステージ		地区予選：勝者は現地で発表され，グランドファイナルに進出します	11月21日開催

グランドファイナル　評価情報

内容	身振りと所作	声とアイコンタクト	スライド	ジャッジからの質問への回答
50%	5%	5%	10%	30%

➤ 提出物はオンライン上にアップロードしてください。すべての日時は日本標準時（JST）に準拠します。

➤ 第1ステージと第2ステージの結果は，各ステージの締切の5日後にウェブサイト上で確認できます。

詳しい情報と応募フォームは<u>ここ</u>をクリックしてください。

語句・構文

▶ flyer「チラシ」
▶ annual「年に一度の」
▶ upload「～を（インターネット上に）アップロードする」
▶ material「（ある内容の）もの」　ここではコンテストに提出するものを指す。
▶ Japan Standard Time（JST）「日本標準時」
▶ application form「応募フォーム」

問1　正解は③
「第1ステージに参加するために，あなたは□□□□をアップロードしなければならない」
「コンテスト情報」欄の第1ステージの項では，「簡潔な概要」の提出を求めている。これを言い換えた③「スピーチの要約」が正解。A brief outline が summary に言い換えられている。
① 「スピーチの完全原稿」
② 「スピーチのためのスライド一式」
④ 「あなた自身がスピーチしている動画」

問2　正解は③
「第2ステージの結果を確認できるのは何日からか」
チラシ末尾の✓印の2つ目（You can check …）に，「第1ステージと第2ステージの結果は，各ステージの締切の5日後にウェブサイト上で確認できます」とある。第2ステージの締切は9月19日なので，その5日後の③「9月24日」が正解。
① 「9月14日」　　② 「9月19日」　　④ 「9月29日」

問3　正解は②
「グランドファイナルで高いスコアを得るために，あなたは内容と□□□□に最も多くの注意を払わなければならない」
「グランドファイナル　評価情報」欄を見ると，「内容（50％）」と「ジャッジからの質問への回答（30％）」の割合が特に高いので，②「ジャッジへの回答」が正解。
① 「表現と身振り」　　③ 「映像素材」　　④ 「声の調節」

7 問1 正解は②   問2 正解は②

訳 《遊園地について》

　あなたの英国人の友達であるジャンが新しい遊園地を訪れて,自身の体験をブログに投稿しました。

サニーマウンテンパーク:ぜひ行くべき場所

投稿者:ジャン 2020年9月15日 午後9:37

[第1段]　サニーマウンテンパークが先月ついに開園しました!　とても大きな遊園地で,わくわくするようなアトラクションがいっぱいあり,巨大なジェットコースターもあります(マップを参照)。先週,友人たちととても素晴らしい時間を過ごしました。

[第2段]　ジェットコースターに乗ってみたくて仕方がなかったのですが,まず初めに遊園地の全体像を把握するために電車で遊園地を一周しました。電車の中からピクニックゾーンが見えて,お昼ご飯にうってつけだなぁと思ったのですが,もうすでに人がいっぱいだったので,その代わりにフードコートに行くことに決めました。お昼の前に,ディスカバリーゾーンへ行ってみました。そこで科学系のアトラクションを体験することには,待つだけの価値が十分にありました。午後にはマウンテン駅の近くにあるいくつかの乗り物に乗って楽しみました。もちろんジェットコースターにも乗ってみましたが,期待を裏切りませんでした。もっとたくさんのアトラクションを楽しむためにディスカバリーゾーンへ戻る途中で,休憩所に立ち寄って少し休みました。そこでは湖からお城までを見渡せる素敵な景色を楽しみました。最後にショッピングゾーンへ行って,友達や家族のためのおみやげを買いました。

[第3段]　サニーマウンテンパークは素晴らしいです!　今回の初めての訪問が,最後の訪問にならないことは間違いありません。

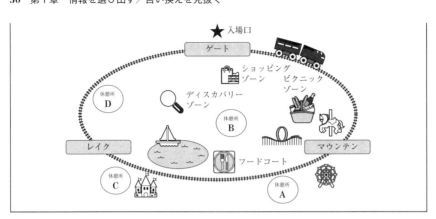

語句・構文

［第1段］　▶ including ～「～を含めた」

［第2段］　▶ instead「その代わりに」　　　　　▶ well「かなり」　強調の副詞。

　　　　　▶ short break「小休止」　　　　　　▶ rest stop「休憩所」

　　　　　▶ souvenir「おみやげ」

問1　正解は②

「ジャンの投稿から，　　　　　ということがわかる」

第2段第5文（It was well …）に，「そこ（ディスカバリーゾーン）で科学系の
アトラクションを体験することには，待つだけの価値が十分にありました」とある
ので，ジャンは科学系のアトラクションを体験する前に待ったことが読み取れる。
正解は②「ジャンは科学系のアトラクションを楽しむためにしばらく待った」。

①「ジャンはおみやげを買うためにショッピングゾーンへ行くのを飛ばした」

③「フードコートはピクニックゾーンよりも混雑していた」

④「ジェットコースターはジャンの期待に応えるものではなかった」

問2　正解は②

「ジャンと友人は，午後にどの休憩所で休憩したか」

第2段第7文（Of course, we …）と第8文（On our way …）に，ジャンたちは
ジェットコースターに乗った後，ディスカバリーゾーンに戻る途中で休憩所に立ち
寄ったと書かれている。マップを見ると，ジェットコースターとディスカバリーゾ
ーンの間にあるのは休憩所Bなので，②「休憩所B」が正解。なお，この休憩所B
をマップで見ると，第2段第9文（There, we got …）に「湖からお城までを見
渡せる」とあるのにも合致する。

第2章

つながりを
理解する

アプローチ

　英文を読んだり問題を解いたりする際には，文と文，あるいは段落と段落といった，複数の情報同士の「つながり」に注意して読む必要があります。また，第1章のアプローチで解説したように，英語の文章では「同一表現の単純な繰り返しを避ける」という傾向があります。そのため，「同一表現の繰り返しを避けながらつながりを生み出す仕組み」について理解しておくことが，英文を正確に理解するためには欠かせない，ということになります。

　この第2章ではまず，つながりを生み出す仕組みについて学びましょう。次に，論理的な関係について学びましょう。

■ 同一表現の繰り返しを避けながらつながりを生み出す仕組み

◆ 代名詞・指示語を使って言い換える

　人称代名詞（he / she / it / they など），指示語（this / that など），不定代名詞（one / some など）といった代名詞・指示語を使った言い換えを見抜きましょう。

例①　My eldest son was excited when I handed **him** a magnifying glass, and immediately began acting like Sherlock Holmes.

〔2023 年度本試験　第3問Bより〕

訳　長男は私が虫眼鏡を渡すと大喜びで，さっそくシャーロック=ホームズのように振る舞い始めた。

▶ My eldest son が him に言い換えられています。

◆ 〈the / this〔these〕/ that〔those〕+名詞〉を使った言い換え

　一度登場した名詞を〈the + 名詞〉や〈this + 名詞〉といったかたちで言い換えることもよくあります。特に〈this〔these〕+名詞〉の場合，「そこまでの内容をまとめる（抽象化する）」働きを持つことが多いので注意しましょう。

例②　*Smart Support* shoes have a nano-chip which analyses the shape of your feet when connected to the *iSupport* application. Download the app onto your smartphone, PC, tablet, and/or smartwatch. Then, while wearing __the shoes__, let __the chip__ collect the data about your feet.

〔2023 年度本試験　第 2 問 A より〕

訳　スマートサポートシューズは，ナノチップを搭載し，ｉサポートアプリケーションに接続すると足の形状を分析します。スマートフォンや PC，タブレット，スマートウォッチにアプリをダウンロードします。その後，__シューズ__を履いているときに，__チップ__に足のデータを収集させます。

▶第 1 文の *Smart Support* shoes が第 3 文では the shoes に言い換えられ，第 1 文の nano-chip が第 3 文では the chip に言い換えられています。

例③　Most students come to my school by bus or train. I often see a lot of students playing games on their phones or chatting. However, they could also use __this time__ for reading or doing homework.

〔2023 年度本試験　第 2 問 B より〕

訳　ほとんどの生徒がバスや電車で私の学校にやってきます。携帯電話でゲームをしたり，おしゃべりをしている生徒をよく見かけます。しかし，__この時間__を読書や宿題に充てることもできるはずです。

▶第 3 文の this time は，第 1 文から第 2 文の内容，つまり「バスや電車で通学中に携帯電話でゲームをしたり，おしゃべりをしている時間」のことを指しています。

◆◆ 代動詞を使った言い換え

　do〔does/did〕には，前の動詞の内容を受ける働きがあり，そのような使われ方をしている do を代動詞と呼びます。do だけでなく，do it / do so といったかたちで使われることもあります。これを見たら「何を受けているのか」を読み取るように心がけましょう。

例④　When Burton and Speke explored Lake Tanganyika in East Africa in 1858, they were not the first outsiders to __do so__.

〔1994 年度本試験　第 3 問 B 問 2 より〕

訳　バートンとスピークが，1858 年に東アフリカにあるタンガニーカ湖を探検したが，彼らは__そこを探検した__最初のよそ者ではなかった。

▶この do so は explore Lake Tanganyika を示しています。

◆ 省略したり，代用表現を使って節を言い換えたりする

　一度登場した表現を省略することが英語ではよくあります。この場合，直前に「対応する同じかたち」があり，そこと照らし合わせて省略を見抜く必要があるため，これもいわば「つながり」を作る仕組みの一つだと言えます。また，so を用いて前に登場した〈主語＋動詞〉の内容を代用することもあります。

　まず，以下の会話を見てください。

　A：Do you think he will come?「彼は来ると思う？」
　B：I hope so.「そう願うよ」／ I hope not.「そうでないといいね」

　ここで用いられている I hope so. の so は he will come を示し，I hope not. の not は he will not come の he, will, come が省略されていると考えることができます。

例⑤　In the past, coaches preferred tough players who played in spite of the pain. In other words, while it would seem logical for an injured player to stop playing after getting hurt, many <u>did not</u>.

〔2021 年度本試験（第 1 日程）　第 6 問 A より〕

訳　かつては，コーチは痛みがあってもプレーするタフな選手を好んだ。つまり，怪我をした選手が怪我をした後にプレーをやめるのは理にかなっているように思えるが，多くの選手は<u>そうしなかった</u>のである。

▶最後の did not の後には stop playing after getting hurt が省略されています。

◆ 類義語・反意語・派生語・部分語・関連語を使って言い換える

　類義語（意味が似た単語）や反意語（反対の意味を持つ単語）を使った言い換えもよく行われます。また，名詞を形容詞化したり，動詞を名詞化したりした派生語もよく用いられます。

　さらに，部分語（意味的にある単語の中の一部分に含まれる単語）や関連語（ある単語と内容的にかかわりが深い単語）を使って文の「つながり」を生み出すこともあります。たとえば，face「顔」の部分語としては nose「鼻」，mouth「口」，eye「目」が，関連語としては arm「腕」，head「頭」，leg「脚」などが挙げられます。

例⑥　To help them learn, I tried applying "contextual **learning**." In this kind of learning, new **knowledge** is constructed through students' own experiences. For my **science class**, **students** learned the properties of different kinds of rocks. Rather than having them **memorize** the **terms** from a **workbook**, I brought a big box of various rocks to the class. Students **examined** the rocks and identified their names based on the characteristics they **observed**.

〔2023 年度本試験　第 4 問より〕

訳　彼らの学習を支援するために，私は「コンテクスチュアル・**ラーニング**」の適用を試みました。この種の学習では，新しい**知識**は生徒自身の経験を通じて構築されます。**理科の授業**では，**生徒たち**はさまざまな種類の岩石の性質を学びました。**ワークブック**で**用語**を**覚えさせる**のではなく，大きな箱に入ったさまざまな岩石を教室に持ち込みました。生徒たちは岩石を**調べ**，**観察した**特徴から名前を特定しました。

▶ learning「学習」という語に関連した表現として，knowledge「知識」，science class「理科の授業」，student「生徒」，memorize「〜を記憶する」，term「用語」，workbook「ワークブック」，examine「〜を調べる」，observe「〜を観察する」といった表現が用いられています。

例⑦　Although most of us have the impression that bones are **dry**, living bones are actually **not dry** at all. To begin with, they have a **wet** outer layer.

〔1997 年度本試験　第 3 問Ａより〕

訳　私たちのほとんどが骨は**乾いた**ものであるという印象を持っているけれども，実は生体の骨はまったくもって**乾いて**など**いない**。そもそも，骨は**湿った**外側の層を持っている。

▶ dry と wet は反意語で，第 1 文の not dry「乾燥していない」を，第 2 文では wet「湿っている」と言い換えています。

■ 論理的な関係

　次に，順接・逆接・説明という3つの論理的な関係について学びましょう。一般的に，こうしたつながりを示す言葉を「ディスコースマーカー」と呼ぶことがありますが，ディスコースマーカーがなくても情報が複数並んだ時点で何らかのつながりができてしまうため，たとえディスコースマーカーがなくても常につながりを考え，次にどのような情報が来るのかを予測しながら読む習慣をつけましょう。

◆ 順接（順態接続）：A → B

　「Aという前提からBという情報が自然なものとして得られること」が順接です。順接の中には，「因果関係」「目的と手段」「条件と帰結」などが含まれます。

　太字の箇所に気をつけて以下の英文を読みましょう。

例⑧　Deborah, who was at our school in Japan for a three-week language program, was nervous at first **because** there were no students from Canada, her home country.

〔第2回プレテスト　第3問Bより〕

訳　3週間の語学研修で来日したデボラは，母国であるカナダからの留学生がいなかった**ので**，最初は緊張していました。

▶〈because S V＝というのもSがVだからである〉を使って原因・理由を表しています。

例⑨　One potential obstacle for women to become pilots might be the stereotype that has long existed in many societies : women are not well-suited for this job. This seems to **arise** partly **from** the view that boys tend to excel in mechanics and are stronger physically than girls.

〔第2回プレテスト　第6問Aより〕

訳　女性がパイロットになることの障害になりうるのは，多くの社会で古くから存在する「女性はこの仕事に向いていない」という固定観念かもしれない。これは，男子は女子よりも機械工学に秀でており，肉体的にも強いという見方**からも生じている**ようだ。

▶〈A arise from B＝AはBから生じる〉を使って，Aが結果，Bが原因・理由であることが示されています。

例⑩　In my opinion, many students today do not know what books they should read. They say that they have no favorite genres or series. **That's why** the percentage of students who read for pleasure daily has been decreasing. Parents and teachers should help students find interesting books in order to make reading for pleasure a daily routine.

〔第2回プレテスト　第4問より〕

訳　私が思うに、今の学生はどんな本を読めばいいのかわからない人が多い。好きなジャンルやシリーズがないというのです。<u>だから</u>、毎日楽しく本を読む生徒の割合が減ってきているのです。楽しみのための読書が日課になるように、親や教師は生徒が面白い本を見つけられるように手助けをする必要があります。

▶ 〈That is why S V＝そういうわけで、S は V〜〉を使って、前文の内容が原因・理由、why 以下の内容がその結果であることが示されています。

◆ 逆接（逆態接続）：A↔B

　逆接とは「B という情報が、A という前提から予測できない意外なものとして生じている場合の A と B の関係」のことです。逆接の中には、単純に2つのものを比べる「対比」や、一般論や自分の主張と異なる見解を述べたあと、それに反する主張を述べる「譲歩」といったつながり方が含まれます。

例⑪　As of December 2016, there were at least 108 wolves and 11 packs (social families) in the park. By the 1940s, **however**, wolves had almost disappeared from Yellowstone National Park.

〔第2回プレテスト　第6問Bより〕

訳　2016年12月現在、少なくとも108頭のオオカミと11の群れ（社会的家族）が園内に生息していました。<u>しかし</u>、1940年代には、イエローストーン国立公園からオオカミはほぼ姿を消してしまっていました。

▶逆接を示す副詞 however を用いて、第1文の内容と第2文の内容が対立的に書かれています。

例⑫　**Despite** the expectation that male pilots have better flight skills, it may be that male and female pilots just have skills which give them different advantages in the job. **On the one hand**, male pilots often have an **easier** time learning how to fly **than** do female pilots. The controls in a cockpit are often easier to reach or use for a larger person. Men tend to be **larger**, on average, **than** women. In fact, females are less likely than men to meet the minimum height requirements that most countries have. **On the other hand**, as noted by a Japanese female airline captain, female pilots appear to be **better** at facilitating communication among crew members.

〔第2回プレテスト　第6問Aより〕

訳　男性パイロットのほうが飛行技術が優れていると思われている**が**，男性パイロットと女性パイロットでは，仕事において有利になるスキルが異なるだけかもしれない。**一方では**，男性パイロットは女性パイロット**に比べて**操縦の仕方を覚えるのが**楽である**ことが多い。コックピット内の操縦桿は，大柄な人のほうが手が届きやすく，使いやすいことが多い。男性は女性**よりも**平均的に**体が大きい**傾向がある。実際，女性は男性よりも，ほとんどの国が定めている最低身長要件を満たしている可能性が低い。**その一方で**，日本の女性機長が指摘したように，女性パイロットは乗組員間のコミュニケーションを円滑にするのに**長けている**ように思われる。

▶男性パイロットと女性パイロットの「対比」がなされています。また，第1文では逆接を表す前置詞 despite を用いて，一般的な見解に対する筆者の見解を述べています。第2文の On the one hand と最終文の On the other hand は対になって使われており，前半では男性パイロットの利点，後半では女性パイロットの利点が対立的に述べられています。比較級が用いられていることにも注意しましょう。

◆◆ 説明：A＝B／A, B, C …

　説明とは，「Aの内容をBと言い換える」ことや「Aに続けてB，C，D…と類似した情報を追加する」こと，あるいは，「Aと似たBを並べる」ことや「AをBにたとえる」ことで，Aをわかりやすく相手に伝えるつながり方のことです。説明の中に含まれるのは「言い換え（具体化・同格・抽象化・一般化・要約）」「類比・類推・類似」「列挙・追加・補足・補強」です。

例⑬　People may be concerned about the safety of aircraft flown by female pilots, but their concerns are not supported by data. **For example**, a previous analysis of large pilot databases conducted in the United States showed no meaningful difference in accident rates between male and female pilots.

〔第2回プレテスト　第6問Aより〕

訳　女性パイロットが操縦する航空機の安全性を心配する人がいるかもしれないが，その心配はデータによって裏付けられてはいない。**たとえば**，米国で行われた大規模なパイロットデータベースの分析では，男性と女性のパイロットの事故率に有意差はなかった。

▶第1文の内容を第2文で**具体的に説明**しています。

例⑭　On the other hand, to get white pepper, the pepper fruit is harvested when it is cherry-red. The skin of the fruit is removed before sun-drying. The color of the seed inside the pepper fruit is white. **This** is how white peppercorns are processed.

〔第1回プレテスト　第5問Bより〕

訳　一方，白コショウを作るには，コショウの実はサクランボ色になったところで収穫されます。天日干しする前に実の皮を取り除きます。コショウの実の中にある種の色は白色です。**このようにして**白コショウの実は加工されます。

▶最終文の This は第1文から第3文の内容を**まとめたもの**です。

例⑮ Reading for pleasure is reading just for fun rather than for your school assignment or work. There is strong evidence linking reading for enjoyment and educational outcomes. Research has shown that students who read daily for pleasure perform better on tests than those who do not. Researchers have **also** found that reading for fun, even a little every day, is actually more beneficial than just spending many hours reading for studying and gathering information. **Furthermore**, frequent reading for fun, regardless of whether reading paper or digital books, is strongly related with improvements in literacy.

〔第2回プレテスト　第4問より〕

訳　趣味の読書とは，学校の課題や仕事のためではなく，ただ楽しむために読むことです。楽しみのための読書と教育の成果を結びつける強力な証拠があります。毎日楽しみのために読書をしている生徒は，そうでない生徒よりもテストの成績が良いという研究結果が発表されています。**また**，研究者は，勉強や情報収集のために何時間も読書をするよりも，毎日少しずつでも楽しみのために読書をするほうが，実は有益であることを発見しています。**さらに**，紙の本か電子書籍かにかかわらず，楽しみのために頻繁に読書をすることは，リテラシーの向上と強く関係しています。

▶ also「～もまた」と Furthermore「さらに」を用いて**情報を追加**しています。

例⑯　Others think that there are negative points about students working part-time. <u>First</u>, it may harm their studies. Students who work too hard are so tired during class that they might receive poor grades in school. <u>Second</u>, it seems difficult for students to balance work and school. This could cause stress. <u>Third</u>, students may develop negative views of work itself by working too much. They may become less motivated to work hard after graduation.

〔第1回プレテスト　第2問Bより〕

訳　生徒がアルバイトをすることについては，マイナス面があると思う人もいます。<u>まず</u>，勉強に支障をきたす可能性があります。あまりに働きすぎる生徒は，授業中に疲れてしまい，学校の成績が悪くなる可能性があります。<u>第二に</u>，仕事と学業の両立が難しそうだということです。これはストレスの原因になるかもしれません。<u>第三に</u>，働きすぎることによって，生徒が仕事そのものに対して否定的な見方をするようになる可能性があります。卒業後の仕事へのモチベーションが下がるかもしれません。

▶ First，Second，Third を用いて，生徒がアルバイトをするマイナス面について具体的に列挙しています。

◆ ＋α　時系列：A→B→C→D…

　ある人物の伝記や歴史的な出来事の説明，日記や紀行文などでは，出来事を時系列で記すのが通例です。共通テストでは出来事の順番を並べ替える問題が出題されているので，選択肢が本文のどの部分の言い換えとなっているのかを判断しながら読み解きましょう。

 例題

> 以下の英文を読み，下の選択肢①〜④を本文の流れに沿って並べ替えなさい。
>
> 　Benjamin Day, a printer from New England, changed American journalism forever when he started a New York City newspaper, *The Sun*. Benjamin Day was born in Springfield, Massachusetts, on April 10, 1810. He worked for a printer as a teenager, and at the age of 20 he began working in print shops and newspaper offices in New York. In 1831, when he had saved enough money, he started his own printing business, which began to struggle when the city was hit by a cholera epidemic the following year. In an attempt to prevent his business from going under, Day decided to start a newspaper.
>
> 　In 1833, there were 650 weekly and 65 daily American newspapers, with average sales of around 1,200. Although there were cheap newspapers in other parts of the country, in New York a newspaper usually cost as much as six cents. Day believed that many working-class people were able to read newspapers, but chose not to buy them because they did not address their interests and were too expensive. On September 3, 1833, Day launched *The Sun* with a copy costing just one cent. The introduction of the "penny press," as cheap newspapers became known, was an important milestone in American journalism history.
>
> ① Day established a printing company
> ② Day gained experience as a printer in his local area
> ③ Day started a newspaper business
> ④ Day's business was threatened by a deadly disease
>
> 　　　　　　　　　　　　　　　　　　〔第2回プレテスト　第5問より改題〕

選択肢

① デイは印刷会社を設立した
② デイは地元で印刷工として経験を積んだ
③ デイは新聞事業を始めた
④ デイの事業は致命的な病気によって脅かされた

正解　②→①→④→③

▶本文と選択肢が以下のように対応していることを確認しましょう。

Benjamin Day, a printer from New England, changed American journalism forever when he started a New York City newspaper, *The Sun*. Benjamin Day was born in Springfield, Massachusetts, on April 10, 1810. He worked for a printer as a teenager (→②Day gained experience as a printer in his local area), and at the age of 20 he began working in print shops and newspaper offices in New York. In 1831, when he had saved enough money, he started his own printing business (→①Day established a printing company), which began to struggle when the city was hit by a cholera epidemic the following year (→④Day's business was threatened by a deadly disease). In an attempt to prevent his business from going under, Day decided to start a newspaper.

In 1833, there were 650 weekly and 65 daily American newspapers, with average sales of around 1,200. Although there were cheap newspapers in other parts of the country, in New York a newspaper usually cost as much as six cents. Day believed that many working-class people were able to read newspapers, but chose not to buy them because they did not address their interests and were too expensive. On September 3, 1833, Day launched *The Sun* (→③Day started a newspaper business) with a copy costing just one cent. The introduction of the "penny press," as cheap newspapers became known, was an important milestone in American journalism history.

ニューイングランド出身の印刷工，ベンジャミン=デイは，ニューヨーク市の新聞『ザ・サン』を発刊し，アメリカのジャーナリズムを一変させた。ベンジャミン=デイは，1810年4月10日，マサチューセッツ州スプリングフィールドに生まれた。**10代の頃は印刷工として働き**，20歳になるとニューヨークの印刷所や新聞社で働くようになった。1831年，十分な蓄えを得た彼は，**自分の印刷業を始めたが，翌年，ニューヨークがコレラの流行に見舞われると，苦境に立たされるようになった。**そこで，事業を縮小させないために，デイは新聞を創刊することにしたのである。

　1833年当時，アメリカには週刊紙が650紙，日刊紙が65紙あり，平均販売部数は約1,200部であった。他の地域でも安い新聞はあったが，ニューヨークでは新聞は6セントもするのが普通であった。デイは，労働者階級の人々の多くが，新聞を読むことはできても，自分たちの関心事には触れていないことや高すぎることを理由に，新聞を買わないという選択をしていると考えた。**1833年9月3日，デイは1部たった1セントの『ザ・サン』を創刊した。**安価な新聞として知られるようになる「ペニー・プレス」の登場は，アメリカのジャーナリズムの歴史に重要な節目をもたらすことになった。

第2章の学習チェックポイント

以下のことに注意しながら，第2章の問題を解いてみましょう。

☐ 英語では一つの情報をさまざまな表現で言い換える傾向があることは理解できているか？

☐ 文と文，段落と段落のつながりを意識し，次にどのような情報が続くかを考えながら読んでいるか？

☐ ディスコースマーカー（however，for example などの文の流れを示す語句）がなくても，つながりを意識しながら読めているか？

☐ 時系列に出来事が展開している文章の場合，出来事を整理し，選択肢と照らし合わせながら読めているか？

M E M O

演習問題

8 次の文章を読み，下の問いに答えよ。

For most people, their friendships are a valuable and important part of who they are. Psychologists have pointed out that well-established friendships lead us to a better understanding of ourselves. They have also noted that we might face conflicts not only with acquaintances but even with our good friends, which could result in ends to some of our friendships. Fortunately, even when such conflicts occur, it is possible to find ways to maintain or save the friendships.

問 According to this paragraph, what do psychologists say about friendships?

① They are frequently compared to one's possessions.
② They are impossible to fix when they become unstable.
③ They can lead us to have conflicts with our acquaintances.
④ They help us know about ourselves but can have problems.

〔2017 年度本試験　第 6 問より抜粋〕

9 次の文章を読み，下の問いの□□□□に入れるのに最も適当なものを，下の①〜④のうちから一つ選べ。

Sometimes dance serves to help teach social rules to young members of a community. A kind of dance called the minuet is a good example. The minuet originated in France and by the 18th century had become popular among the European elite. In Britain, debutantes, or upper-class women about to make their entrance into adult society by attending their first dance, were strictly trained for their first minuet. They usually danced it before a crowd of people who would critically observe their movements and behavior. This dance taught them how to behave like a member of high society. One writer, in fact, called the minuet one of the best schools of manners ever invented.

問　According to this paragraph, the topic of debutantes is introduced to provide an example of □□□□.

① how long it took young people to learn the minuet
② the kind of schools that the European elite attended
③ the role women played when dancing the minuet
④ young people learning how to act properly

〔2013年度本試験　第6問より抜粋〕

☐ **10** 次の文章の ☐ に入れるのに最も適当なものを，下の①〜④のうちから一
☐ つ選べ。

Do you like eating "mixed nuts" while watching TV and movies at home?
Since both almonds and peanuts can be found in the mixed nuts sold at
grocery stores in Japan, you might assume that they are similar types of food.
Indeed, ☐ . For instance, they are both nutritious as sources of minerals
and vitamins. At the same time, however, some people can have allergic
reactions to them. According to recent research, many children suffer from
peanut and almond allergies.

① it may be difficult to find some similarities between them
② many consumers know about differences between them
③ there is a wide variety in each package of mixed nuts
④ they share some interesting characteristics with each other

〔2012 年度本試験　第 3 問 C より抜粋〕

☐ **11** 次の英文を読み，下線部の語句の意味を推測し，下の問いの ☐ に入れる
☐ のに最も適当なものを，下の①〜④のうちから一つ選べ。

Mr. Matsumoto is an English teacher who believes English classes should
start with a joke. He always tries hard to create funny jokes. Some of his
students have complained about his jokes being a waste of time. His
colleagues also have advised him not to spend so much time writing jokes.
However, Mr. Matsumoto is such an obstinate person that he will not listen to
them and continues to spend a lot of time making up jokes for his classes.

問　In this situation, an obstinate person means a person who is ☐ .

① flexible about ideas
② generous to his students
③ unable to reject criticism
④ unwilling to change his mind

〔2012 年度本試験　第 3 問 A 問 1〕

12 次の問い（問1・問2）において，下線部の語句の意味を推測し，[　　]に入れるのに最も適当なものを，それぞれ下の①〜④のうちから一つずつ選べ。

問1

Jane: How's Michelle doing? The last time I met her, she looked a little depressed and said she was worried about her schoolwork.

Mary: I saw her yesterday, and she seemed absolutely exuberant.

Jane: Really? I wonder what happened.

Mary: Well, she'd been worried about her math test, but she did really well after all. Also, she's found a part-time job that she enjoys a lot.

Jane: That's great. I'm happy to hear that.

In this situation, exuberant means to be very [　　].

① busy and stressed　　② happy and energetic
③ hard-working and healthy　　④ upset and nervous

問2

Jacob: How are your summer plans going? I heard you're going to travel around South America with your friend.

Hiromi: Well, I'd made all the travel arrangements, was studying Spanish, and had even started packing my bag. But suddenly, my friend told me she couldn't go. So then I got cold feet and canceled the trip.

Jacob: Oh, too bad. It's a shame that you felt too anxious to travel alone.

In this situation, got cold feet means [　　].

① became sick　　② became thrilled
③ lost control　　④ lost courage

〔2014年度本試験　第3問A〕

□
□ **13** 次の文章を読み，下の問いの ⬚ に入れるのに最も適当なものを，下の①
〜④のうちから一つ選べ。なお，文章の左にある(1)・(2)はパラグラフ（段落）
の番号を表している。

(1)　Did you know that reading good novels may improve your ability to handle social and business situations such as job interviews? Recent scientific research has shown that people who read novels are better able to read an interviewer's body language and figure out what they are thinking or feeling. People who read literary works also have greater emotional awareness and superior social skills.

(2)　Researchers have investigated the reasons why reading literature has this impact. They found that in literary fiction more work is left to the imagination. Therefore, the reader has to try harder to understand subtle points and complexities of the characters' thoughts. More effort is required to understand each character's behavior and be sensitive to small hints of emotion. Through reading literature readers learn to underline{empathize} with people and view the world from another person's perspective. When observing people, they become more skilled at interpreting gestures and facial expressions.

問　The word underline{empathize} in paragraph (2) is closest in meaning to ⬚ .

① copy a character's behavior　② feel what others are feeling
③ question others' thoughts　④ state your opinion strongly

〔2016 年度追試験　第 6 問より抜粋〕

14 次の文章を読み，下の問いに答えよ。

In the 17th century, a scientist noticed that by holding two lenses together in a certain way he could make an object appear larger. He used this technique to construct the first simple telescope. Using these archaic telescopes, early scientists were able to describe the surface of the Moon in detail and to see that Jupiter had at least four such satellites. Since that time, people have developed various devices that expand our range of sight, thus revealing facts about the universe that lies beyond the Earth. The telescope continues to offer us new views concerning things beyond our immediate reach.

問　Which of the following is closest to the meaning of archaic as used in this paragraph?

① advanced ② contemporary
③ ordinary ④ primitive

〔2018 年度本試験　第 6 問より抜粋〕

15 You visited your town's English website and found an interesting notice.

Call for Participants: Sister-City Youth Meeting
"Learning to Live Together"

Our town's three sister cities in Germany, Senegal, and Mexico will each send ten young people between the ages of 15 and 18 to our town next March. There will be an eight-day youth meeting called "Learning to Live Together." It will be our guests' first visit to Japan.

We are looking for people to participate: we need a host team of 30 students from our town's high schools, 30 home-stay families for the visiting young people, and 20 staff members to manage the event.

Program Schedule

March 20	Orientation, Welcome party
March 21	Sightseeing in small four-country mixed groups
March 22	Two presentations on traditional dance: (1) Senegalese students, (2) Japanese students
March 23	Two presentations on traditional food: (1) Mexican students, (2) Japanese students
March 24	Two presentations on traditional clothing: (1) German students, (2) Japanese students
March 25	Sightseeing in small four-country mixed groups
March 26	Free time with host families
March 27	Farewell party

- Parties and presentations will be held at the Community Center.
- The meeting language will be English. Our visitors are non-native speakers of English, but they have basic English-language skills.

To register, click **here** before 5 p.m. December 20.

▶▶International Affairs Division of the Town Hall

問1　The purpose of this notice is to find people from the host town to ⬚.

① decide the schedule of activities
② take part in the event
③ visit all of the sister cities
④ write a report about the meeting

問2　During the meeting the students are going to ⬚.

① have discussions about global issues
② make presentations on their own cultures
③ spend most of their time sightseeing
④ visit local high schools to teach languages

問3　The meeting will be a good communication opportunity because all of the students will ⬚.

① be divided into different age groups
② have Japanese and English lessons
③ speak with one another in English
④ stay with families from the three sister cities

〔第 2 回プレテスト　第 1 問B〕

16 You found the following story written by a salesperson in a newspaper.

March of the Machines

Nick Rightfield

After graduating from university in Toronto, I started working for a trading company. This means I have to live and work in various cities. My first post was in New York, a city famous for its office buildings, stores, and nightlife. In my free time, I loved to walk around and search for stores selling interesting items. Even into the night, I would wander from store to store.

Then after two years, I moved to Tokyo. My first impression of Tokyo was that it is a busy city very similar to New York. However, on the first day when I took a night-time walk down the streets of Shinjuku, I noticed a difference. Among the crowds of workers and shoppers, I found rows of brightly-lit vending machines giving off a candy-colored light. In New York, most vending machines are located in office buildings or subway stations. But I never imagined lines of vending machines—standing like soldiers on almost every street—selling coffee, juice, and even noodles 24 hours a day.

As I stood in Shinjuku, I thought about Vancouver, where I was born and raised. To me it was a great city, but having experienced city life in New York and Tokyo, I have to admit how little I knew back in Vancouver. As I was thinking about my life so far, it began to rain. I was about to run to a convenience store when I noticed an umbrella vending machine. Saved! Then I thought perhaps as technology improves, we will be able to buy everything from machines. Will vending machines replace convenience stores? Will machines replace salespeople like me? I didn't sleep well that night. Was it jet lag or something else?

問1　The writer moved from place to place in the following order : ☐ .

① Toronto → New York → Tokyo → Vancouver

② Toronto → Vancouver → New York → Tokyo

③ Vancouver → New York → Tokyo → Toronto

④ Vancouver → Toronto → New York → Tokyo

問2　The writer says that ☐ .

① life in New York is more comfortable than life in Tokyo

② life in Tokyo is less interesting than life in New York

③ the location of vending machines in New York and Tokyo differs

④ the same goods are sold in vending machines in New York and Tokyo

問3　While the writer was in Tokyo, he ☐ .

① began to think about selling vending machines

② realized Vancouver was better because it was his hometown

③ started to regret moving from city to city

④ suddenly worried about the future of his job

〔第1回プレテスト　第3問B〕

17 You found the following story in a study-abroad magazine.

Flowers and Their Hidden Meanings

Naoko Maeyama (Teaching Assistant)

Giving flowers is definitely a nice thing to do. However, when you are in a foreign country, you should be aware of cultural differences.

Deborah, who was at our school in Japan for a three-week language program, was nervous at first because there were no students from Canada, her home country. But she soon made many friends and was having a great time inside and outside the classroom. One day she heard that her Japanese teacher, Mr. Hayashi, was in the hospital after falling down some stairs at the station. She was really surprised and upset, and wanted to see him as soon as possible. Deborah decided to go to the hospital with her classmates and brought a red begonia in a flower pot to make her teacher happy. When they entered the hospital room, he welcomed them with a big smile. However, his expression suddenly changed when Deborah gave the red flower to him. Deborah was a little puzzled, but she didn't ask the reason because she didn't want to trouble him.

Later, in her elementary Japanese and with the help of a dictionary, Deborah told me about her visit to the hospital, and how her teacher's expression changed when she gave him the begonia. Deborah said, "It's my favorite flower because red is the color of passion. I thought my teacher, who was always passionate about teaching, would surely love it, too."

Unfortunately, flowers growing in a pot are something we shouldn't take to a hospital in Japan. This is because a plant in a pot has roots, and so it cannot be moved easily. In Japanese culture some people associate these facts with remaining in the hospital. Soon after Deborah heard the hidden meaning of the potted begonia, she visited Mr. Hayashi again to apologize.

問 1　According to the story, Deborah's feelings changed in the following order : ☐ .

① nervous → confused → happy → shocked → sorry

② nervous → confused → sorry → shocked → happy

③ nervous → happy → shocked → confused → sorry

④ nervous → happy → sorry → shocked → confused

⑤ nervous → shocked → happy → sorry → confused

⑥ nervous → sorry → confused → happy → shocked

問 2　The gift Deborah chose was not appropriate in Japan because it may imply ☐ .

① a long stay

② congratulations

③ growing anger

④ passion for living

問 3　From this story, you learned that Deborah ☐ .

① chose a begonia for her teacher because she learned the meanings of several flowers in her class

② not only practiced her Japanese but also learned about Japanese culture because of a begonia

③ visited the hospital with her teaching assistant to see her teacher and enjoyed chatting

④ was given an explanation about the begonia by Mr. Hayashi and learned its hidden meaning

〔第 2 回プレテスト　第 3 問 B〕

18 Your friend in the UK introduced her favourite musician to you. Wanting to learn more, you found the following article in a music magazine.

Dave Starr, a Living Legend

At one time, Black Swan were the biggest rock band in the UK, and their dynamic leader Dave Starr played a large part in that achievement. Still performing as a solo singer, Dave's incredible talent has inspired generations of young musicians.

When he was a little boy, Dave was always singing and playing with toy instruments. He was never happier than when he was playing his toy drum. At age seven, he was given his first real drum set, and by 10, he could play well. By 14, he had also mastered the guitar. When he was still a high school student, he became a member of The Bluebirds, playing rhythm guitar. To get experience, The Bluebirds played for free at school events and in community centres. The band built up a small circle of passionate fans.

Dave's big break came when, on his 18th birthday, he was asked to become the drummer for Black Swan. In just two years, the band's shows were selling out at large concert halls. It came as a shock, therefore, when the lead vocalist quit to spend more time with his family. However, Dave jumped at the chance to take over as lead singer even though it meant he could no longer play his favourite instrument.

In the following years, Black Swan became increasingly successful, topping the music charts and gaining even more fans. Dave became the principal song writer, and was proud of his contribution to the band. However, with the addition of a keyboard player, the music gradually changed direction. Dave became frustrated, and he and the lead guitarist decided to leave and start a new group. Unfortunately, Dave's new band failed to reach Black Swan's level of success, and stayed together for only 18 months.

問1 Put the following events (①～④) into the order in which they happened. ☐→☐→☐→☐

① Dave became a solo artist.
② Dave gave up playing the drums.
③ Dave joined a band as the guitarist.
④ Dave reached the peak of his career.

問2 Dave became the lead singer of Black Swan because ☐.

① he preferred singing to playing the drums
② he wanted to change the band's musical direction
③ the other band members wanted more success
④ the previous singer left for personal reasons

問3 From this story, you learn that ☐.

① Black Swan contributed to changing the direction of rock music
② Black Swan's goods sold very well at concert halls
③ Dave displayed a talent for music from an early age
④ Dave went solo as he was frustrated with the lead guitarist

〔2021 年度本試験（第2日程） 第3問B〕

19 Your British friend shows you an interesting article about dogs in the UK.

A Dog-Lover's Paradise

A visit to Robert Gray's dog rescue shelter in Greenfields will surprise you if your idea of a dog shelter is a place where dogs are often kept in crowded conditions. When I was asked to visit there last summer to take photographs for this magazine, I jumped at the chance. I will never forget how wonderful it was to see so many healthy, happy dogs running freely across the fields.

At the time of my visit, around 70 dogs were living there. Since then, the number has grown to over 100. For these dogs, the shelter is a safe place away from their past lives of neglect. The owner, Robert Gray, began taking in homeless dogs from the streets of Melchester in 2008, when dogs running wild in the city were a growing problem. Robert started the shelter in his back garden, but the number of dogs kept increasing day by day, quickly reaching 20. So, in the summer of 2009, he moved the shelter to his uncle's farm in Greenfields.

Although what I saw in Greenfields seemed like a paradise for the dogs, Robert told me that he has faced many difficulties in running the shelter. Since the very early days in Melchester, the cost of providing the dogs with food and medical treatment has been a problem. Another issue concerns the behaviour of the dogs. Some neighbouring farmers are unhappy about dogs wandering onto their land and barking loudly, which can frighten their farm animals. Most of the dogs are actually very friendly, though.

The number of dogs continues to grow, and Robert hopes that visitors will find a dog they like and give it a permanent home.　One adorable dog named Muttley followed me everywhere.　I was in love!　I promised Muttley that I would return soon to take him home with me.

Mike Davis (January, 2022)

問1　Put the following events (①〜④) into the order they happened.
　　　☐→☐→☐→☐

① The dog shelter began having financial problems.
② The dog shelter moved to a new location.
③ The number of dogs reached one hundred.
④ The writer visited the dog shelter in Greenfields.

問2　The dog shelter was started because ☐.

① in Melchester, there were a lot of dogs without owners
② people wanted to see dogs running freely in the streets
③ the farmers in Greenfields were worried about their dogs
④ there was a need for a place where people can adopt dogs

問3　From this article, you learnt that ☐.

① Robert's uncle started rescuing dogs in 2008
② the dogs are quiet and well behaved
③ the shelter has stopped accepting more dogs
④ the writer is thinking of adopting a dog

20 You are preparing for a presentation about the characteristics of spices. You have found an article about black and white pepper. You are going to read the article and take notes.

Black and White Pepper

[Part 1]　Some recent studies have increased our understanding of the role of spices in helping us live longer. There are a variety of spices in the world, but most likely you are familiar with two of them, black and white pepper. Black and white pepper both come from the fruit of the same pepper plant. However, they are processed differently. Black pepper is made from the unripe fruit of the pepper plant. Each piece of fruit looks like a small green ball, just 3 to 6 millimeters across. The harvested fruit turns black when it is dried under the sun. Each piece of dried fruit is called a *peppercorn*. The color of the powdered black pepper comes from the skin of the peppercorn. On the other hand, to get white pepper, the pepper fruit is harvested when it is cherry-red. The skin of the fruit is removed before sun-drying. The color of the seed inside the pepper fruit is white. This is how white peppercorns are processed. Because the skin is very thin, the size of black and white peppercorns is similar. White pepper is usually more expensive than black because there are more steps in processing it.

[Part 2]　Where does the flavor of pepper come from? The sharp spicy taste is caused by a natural compound called *piperine*. Not only the seed but also the outer layer of the peppercorn contains lots of piperine. Therefore, some people say black pepper tastes hotter than white. Black pepper also contains many other substances that make its taste more complex. The unique flavor of black pepper produced by the mixed substances goes well with many kinds of dishes. White pepper's flavor is often regarded as more refined than that of black pepper, but it is too weak to bring out the flavor of meat dishes such as steak. Thanks to its color, white pepper is often used in

第2章

light-colored dishes. Mashed potatoes, white sauce, and white fish may look better when they are spiced with white pepper.

[**Part 3**]　Historically, people have used pepper as a folk medicine. For instance, it was a popular remedy for coughs and colds. The health effect of pepper is partly caused by piperine. Like vitamin C, piperine is a potent antioxidant. This means that, by eating foods including this compound, we may prevent harmful chemical reactions. Furthermore, recent studies have found that pepper reduces the impact of some types of illnesses. All spices that include piperine have this effect on a person's body. Both black and white pepper have the same health benefits.

Complete the notes by filling in ☐ 1 ☐ to ☐ 6 ☐.

Notes

Outline:
　　Part 1: ___☐1☐___
　　Part 2: ___☐2☐___
　　Part 3: ___☐3☐___

Table: Comparing Black and White Pepper

Common points	Differences
☐4☐	☐5☐

Main points: ___☐6☐___

問1　The best headings for Parts 1, 2, and 3 are ☐1☐, ☐2☐, and ☐3☐, respectively. (You may use an option only once.)

① The characteristics of pepper as a spice
② The effects of pepper on health
③ The place of origin of black and white pepper
④ The production of black and white pepper

問2　Among the following, the common points and differences described in the article are ☐4☐ and ☐5☐, respectively. (You may choose more than one option for each box.)

① the amount of vitamin C
② the effect on illnesses
③ the flavor
④ the plant
⑤ the price
⑥ the removal of the skin

問3　This article mainly discusses ☐6☐.

① the advantages and disadvantages of using black and white pepper compared to other spices
② the reason why people started to make black and white pepper, and why they have lost popularity
③ the reason why white pepper is better than black pepper, and why it is better for us
④ the similarities and differences between white and black pepper, and also the health benefits of both

21 You are writing a review of the story, "Oscar's Camp Canyon Experience," in class.

Oscar's Camp Canyon Experience

Twelve-year-old Oscar has just finished a wonderful week at Camp Canyon. He had the time of his life—making new friends, developing new skills, and discovering a love for science among many other things. And Oscar learned an important lesson: Sometimes, when faced with a difficult situation, it's best just to let it go. He learned, too, that things are not always what they seem.

Camp Canyon is a summer camp for boys and girls from eight to sixteen. In the U.S., there are many kinds of camps. Often, kids focus on particular skills or learn values from religious books and traditions. Camp Canyon, though, is different. Its main aim is for the kids to discover for themselves how to deal with difficult situations using ideas based on the importance of communication and mutual respect. During their week at the camp, the kids develop their powers of judgment and sense of right and wrong—all while having fun swimming, playing games, and doing hands-on science and nature projects.

This was Oscar's second summer at Camp Canyon, and he enjoyed showing newcomers around. On the first day, he introduced himself to Dylan, a boy of his age attending the camp for the first time. Oscar spent a lot of time helping Dylan get used to his new circumstances, and they quickly became close friends. They both enjoyed playing video games and climbing trees, and at the camp they discovered a shared love of Gaga Ball, a form of dodgeball. Oscar and Dylan played Gaga Ball until they were exhausted, throwing the ball at the other kids and screaming with laughter. Afterward, sitting on their bunk beds, they would talk for hours about their home and school lives, and how much they were enjoying Camp Canyon.

One of the other campers was a boy named Christopher. Initially, Christopher seemed like a well-behaved, fun-loving boy. Oscar couldn't wait to get to know him. However, it wasn't long before Christopher's behavior started to change. He didn't bother to make his bed. He left games and other belongings lying around on the floor. He was inconsiderate and self-centered. And he was mean, as Oscar and Dylan soon found out.

"Dylan didn't brush his teeth. And he's smelly! He didn't take a shower today," shouted Christopher at breakfast, making sure all the other kids could hear.

Oscar and Dylan were shocked to hear Christopher's comments. Oscar had always tried his hardest to make everyone feel welcome. Christopher seemed to take great delight in saying things that upset the other two boys. He even pushed in front of Oscar when they were lining up for lunch. He just laughed when Oscar angrily protested.

Oscar consulted the camp counselor about their problems with Christopher. She gave Christopher a strong warning, but, if anything, his behavior got worse. The other kids just kept out of his way, determined not to let anything spoil their fun activities at camp.

One of these activities was a discussion session with a science teacher. Although Oscar had shown little interest in science at school, this was something he really enjoyed at the camp. The kids talked with the teacher, growing increasingly excited with each new scientific fact they discovered. Oscar was particularly fascinated to learn about reflected light and how we see certain colors. A red object, for example, absorbs every color of the rainbow, but reflects only red light to our eyes.

"So," Oscar reported breathlessly to Dylan, "a red object is actually every color EXCEPT red—which is reflected! Isn't that amazing? I just love science!" Things, he had come to realize, are not always what they seem.

The campers also discussed ethics and the rules that would be best for the group as they experienced their week together. Whenever there was a disagreement, they stopped to consider what might be the right or wrong thing to do according to each situation. In this way, they learned to function together as a harmonious group.

Through these discussions, Oscar learned that there is not always an obvious solution to a problem. Sometimes, as with the case of Christopher's bad behavior, the answer might just be to let it go. Oscar realized that getting upset wasn't going to change anything, and that the best way to resolve the situation without drama would be to walk away from it. He and Dylan stayed calm, and stopped reacting to Christopher's insults. This seemed to work. Soon, Christopher lost interest in bothering the boys.

The end of the week came far too quickly for Oscar. His memories of the camp were still fresh when, a few days after returning home, he received a postcard from Christopher.

Dear Oscar,

I'm really sorry for the way I behaved at camp. You and Dylan seemed to be having so much fun! I felt left out, because I'm not very good at sports. Later, when you stopped paying attention to my bad behavior, I realized how silly I was being. I wanted to apologize then, but was too embarrassed. Are you going to the camp again next year? I'll be there, and I hope we can be friends!

So long,
Christopher

Yes, thought Oscar, when he had recovered from his surprise, with Christopher, he had been right to let it go. Putting down the postcard, he remembered something else he had learned at camp: Sometimes, things are not what they seem.

Complete the review by filling in ⬚ 1 to ⬚ 5 .

Story Review

Title:
Oscar's Camp Canyon Experience

Outline

Beginning		Middle		Ending
Oscar's second time at Camp Canyon started with him welcoming newcomers.	→	1 → 2	→	Oscar applied what he had learned at camp to find a solution to the problem.

Main characters

- Oscar was active and sociable.
- Christopher might have seemed unfriendly, but actually he was ⬚ 3 .

Your opinions

I don't think Oscar really knew how to deal with the problem. All he did was ⬚ 4 . He was lucky Christopher's behavior didn't get worse.

This story would most likely appeal to…

Readers who want to ⬚ 5 .

問1 (a) ⬚ 1

① All the camp participants quickly became good friends.
② Most campers stopped enjoying the fun activities.
③ One of the campers surprisingly changed his attitude.
④ The camp counselor managed to solve a serious problem.

問1 (b) ☐2☐

① Christopher continued to behave very badly.
② Dylan could understand how light is reflected.
③ Oscar played a leading role in group discussions.
④ The counselor reconsidered her viewpoint.

問2 ☐3☐

① just unhappy because he was unable to take part in all the activities
② probably nervous as he was staying away from home for the first time
③ smarter than most campers since he tried to hide his honest opinions
④ thoughtful enough to have brought games to share with his friends

問3 ☐4☐

① avoid a difficult situation
② discuss ethics and rules
③ embarrass the others
④ try to be even friendlier

問4 ☐5☐

① get detailed information about summer outdoor activities
② read a moving story about kids' success in various sports
③ remember their own childhood experiences with friends
④ understand the relationship between children and adults

〔第1回プレテスト 第6問〕

22 In English class you are writing an essay on a social issue you are interested in. This is your most recent draft. You are now working on revisions based on comments from your teacher.

Eco-friendly Action with Fashion	Comments
Many people love fashion. Clothes are important for self-expression, but fashion can be harmful to the environment. In Japan, about 480,000 tons of clothes are said to be thrown away every year. This is equal to about 130 large trucks a day. We need to change our "throw-away" behavior. This essay will highlight three ways to be more sustainable.	
First, when shopping, avoid making unplanned purchases. According to a government survey, approximately 64% of shoppers do not think about what is already in their closet. $^{(1)}\wedge$So, try to plan your choices carefully when you are shopping.	*(1) You are missing something here. Add more information between the two sentences to connect them.*
In addition, purchase high-quality clothes which usually last longer. Even though the price might be higher, it is good value when an item can be worn for several years. $^{(2)}\wedge$Cheaper fabrics can lose their color or start to look old quickly, so they need to be thrown away sooner.	*(2) Insert a connecting expression here.*
Finally, $^{(3)}$<u>think about your clothes</u>. For example, sell them to used clothing stores. That way other people can enjoy wearing them. You could also donate clothes to a charity for people who need them. Another way is to find a new purpose for them. There are many ways to transform outfits into useful items such as quilts or bags.	*(3) This topic sentence doesn't really match this paragraph. Rewrite it.*
In conclusion, it is time for a lifestyle change. From now on, check your closet before you go shopping, $^{(4)}$<u>select better things</u>, and lastly, give your clothes a second life. In this way, we can all become more sustainable with fashion.	*(4) The underlined phrase doesn't summarize your essay content enough. Change it.*

<u>**Overall Comment:**</u>
Your essay is getting better. Keep up the good work. (Have you checked your own closet? I have checked mine! ☺)

問1 Based on comment (1), which is the best sentence to add?

   ① As a result, people buy many similar items they do not need.
   ② Because of this, customers cannot enjoy clothes shopping.
   ③ Due to this, shop clerks want to know what customers need.
   ④ In this situation, consumers tend to avoid going shopping.

問2 Based on comment (2), which is the best expression to add?

   ① for instance
   ② in contrast
   ③ nevertheless
   ④ therefore

問3 Based on comment (3), which is the most appropriate way to rewrite the topic sentence?

   ① buy fewer new clothes
   ② dispose of old clothes
   ③ find ways to reuse clothes
   ④ give unwanted clothes away

問4 Based on comment (4), which is the best replacement?

   ① buy items that maintain their condition
   ② choose inexpensive fashionable clothes
   ③ pick items that can be transformed
   ④ purchase clothes that are second-hand

〔試作問題 第B問〕

解答解説

第2章

8 正解は④

> 訳 《友情とは》
> ほとんどの人にとって，友情は自分がどのような人間であるかということの価値ある，そして重要な部分である。心理学者たちは，しっかりと確立された友情は，自分自身のよりよい理解に私たちを導いてくれることを指摘してきた。彼らはまた，私たちが，知人とだけでなく，親友とでさえ，友人関係のいくつかを終わらせる結果になる可能性のある争いに直面するかもしれないと指摘している。幸い，そのような争いが生じても，友情を維持する，あるいは守る方法を見つけることはできる。

語句・構文 ▶ result in 〜「〜という結果になる」

問 「この段落によると，心理学者たちは友情について何と言っているか」
第2文（Psychologists have pointed …）に「心理学者たちは，しっかりと確立された友情は，自分自身のよりよい理解に私たちを導いてくれることを指摘してきた」，第3文（They have also …）に「彼らはまた…親友とでさえ…争いに直面するかもしれないと指摘している」とある。④「**友情は私たちが自分自身を知る手助けになるが，問題も起こりうる**」が正解。
① 「友情は，しばしば人の財産にたとえられる」
② 「友情は，不安定になったとき，修復が不可能である」
③ 「友情は，知人たちと争うことにつながる可能性がある」

● 追加 というつながり
also によって情報が追加されている。
複数の情報をまとめている選択肢を探す。
POINT

9 正解は④

> 訳 《ダンスにおける学び》
>
> 　ダンスは，共同体の若者たちに社会の規則を教えるのに役立つこともある。メヌエットと呼ばれるダンスはよい例である。メヌエットはもともとフランスで始まり，18世紀までにはヨーロッパのエリートの間に広まっていた。英国では，社交界にデビューする女性たち，すなわち初めての舞踏会に参加することで大人社会の仲間入りをしようとしている上流階級の女性たちは，初めてのメヌエットのために厳しく訓練された。彼女たちは，通常，彼女たちの動きや仕草を厳しい目で見る大勢の人たちの前でメヌエットを踊った。このダンスは彼女たちに，上流社会の一員らしい振る舞い方を教えたのである。実際，ある文筆家は，メヌエットのことをこれまでに考え出された最高のマナー教室の一つと呼んだ。

語句・構文 ▶ make *one's* entrance into ～「～に入る，～に入場〔登場〕する」

問　「この段落によると，社交界にデビューする女性たちの話題は，□□□□の例を示すために紹介されている」
　第1文に「ダンスは，共同体の若者たちに社会の規則を教えるのに役立つ」，第6文（This dance taught …）には「このダンスは彼女たちに，上流社会の一員らしい振る舞い方を教えた」とある。④「きちんとした振る舞い方を学ぶ若い人たち」が適切。
① 「若い人たちがメヌエットを覚えるのにどのくらい時間がかかるか」
② 「ヨーロッパのエリートたちが通った学校の種類」
③ 「メヌエットを踊るときに女性たちが果たす役割」

- 具体的な説明 というつながり
　設問文ですでに「社交界にデビューする女性たちの話題」が何かの具体例になっているということが示されている。
POINT

10 正解は④

> 訳 《ミックスナッツ》
>
> 　家でテレビや映画を見ながら「ミックスナッツ」を食べるのは好きだろうか？日本の食料雑貨店で売られているミックスナッツにはアーモンドもピーナッツも入っているので，アーモンドとピーナッツは同じような類の食べ物だと思っているかもしれない。実際，____。たとえば，いずれもミネラルやビタミンの供給源として栄養豊富である。しかし同時に，それらにアレルギー反応を起こす人も中にはいる。最近の調査によると，ピーナッツやアーモンドのアレルギーに悩まされている子供がたくさんいるということだ。

語句・構文　　▶ nutritious「栄養分のある」
　　　　　　　　▶ allergic reaction「アレルギー反応」
　　　　　　　　▶ allergy「アレルギー」［ǽlərdʒi］発音に注意。

空所直後に「たとえば」として挙げられているのは，アーモンドもピーナッツも滋養に富み，一方でアレルギー源にもなるという2者の共通点である。④「**それらは互いに興味深い特徴を共有している**」が適切。
①「それらの間の類似点を見つけるのは難しいかもしれない」
②「多くの消費者がそれらの違いについて知っている」
③「ミックスナッツの袋の中には，非常に多くの種類のものが入っている」

> ● 具体的な説明 というつながり
> 　第4文冒頭に For instance という具体例を示す表現がある。　POINT

第2章

11 正解は④

> 訳 《ジョーク好きの先生》
>
> マツモト先生は,英語の授業はジョークで始めるべきだと考えている英語教師である。彼はいつも面白いジョークを創作しようと努力している。彼の生徒たちの中には,彼のジョークが時間の無駄だと不平を述べた者もいる。彼の同僚もジョークを書くのにそんなに時間を使わないほうがいいと助言してきた。しかし,マツモト先生はかなりの an obstinate person なので,こうした人たちの言うことに耳を貸そうとせず,授業のためにジョークを考えるのに多くの時間を使い続けている。

問 「この状況では,an obstinate person とは □ である人を意味する」

周囲の人の不平や助言にまったく耳を傾けないのだから,④ unwilling to change his mind「自分の考えを変えるのを好まない」が適切。obstinate は「頑固な,強情な」の意。

① 「ものの考え方が柔軟な」
② 「生徒に対して寛容な」
③ 「批判を拒絶できない」

● 具体的な説明 というつながり

第5文の〈such a+形容詞+名詞+that S V〉「SがVするほどの〜」というかたちに注目。これは〈程度〉を表す表現だが,that 以下で such an obstinate person を具体的に説明していると考えることができる(「それほど obstinate な人」→「どれほど?」→「こうした人たちの言うことに耳を貸そうとしないほど」)。よって,この that 以下の内容から下線部の意味を判断する。

12 問1　正解は②　問2　正解は④

問1　正解は②

> 訳　ジェーン：ミシェルはどうしているの？　この前会ったとき，ちょっと落ち
> 　　　　　　　込んでいるように見えたし，学校の勉強のことが心配だって言っ
> 　　　　　　　ていたわ。
> 　　メアリー：昨日会ったけど，完全に exuberant みたいだったわよ。
> 　　ジェーン：本当？　何があったのかしら？
> 　　メアリー：えーっと，数学の試験が気になっていたんだけど，結局はよくでき
> 　　　　　　　たの。それに，とても楽しんでやれるアルバイトも見つかったのよ。
> 　　ジェーン：それはよかったわね。それを聞いてうれしいわ。

問　「この状況では，exuberant はとても　　　　　（な状態）であることを意味する」
　　メアリーの2番目の発言（Well, she'd been …）から，ジェーンが会ったときに
　　は落ち込んでいたミシェルについて，心配していた試験の成績がよかったこと，よ
　　いアルバイトも見つかったことがわかる。② happy and energetic「幸せで元気
　　いっぱいな」が適切。exuberant は「元気にあふれた」の意。
　　① 「忙しくストレスがたまっている」
　　③ 「勤勉で健康な」
　　④ 「取り乱して神経質な」

● 意見の 対比
　　ジェーンの2番目の発言にある Really?「本当？」という表現から，メアリー
　の発言に対してジェーンが驚きを表していると考えられる。そこからジェーンと
　メアリーではミシェルの様子に対する意見が対立的であるということを読み取ら
　ねばならない。

　　　　　　ジェーン　　　　　　　　　　　　　　メアリー
　　ミシェルは落ち込んでいる　⟺　ミシェルは exuberant のようである

問2　正解は④

> 訳　ジェイコブ：夏の計画はどうなっているの？　友達と南米を旅するつもりだ
> って聞いたけど。
> 　　　ヒロミ：うーん，旅行の段取りは私が全部して，スペイン語の勉強もして
> いたし，荷物まで詰め始めていたのよ。だけど，突然友達が行け
> ないなんて言うの。それで私は got cold feet してしまって，旅
> 行をキャンセルしたのよ。
> 　　ジェイコブ：ああ，それは残念だね。心配で一人で旅行する気にはなれなかっ
> たというのは気の毒だな。

問　「この状況では，got cold feet は ☐ という意味である」
　ジェイコブの最後の発言に「(君は) 心配で一人で旅行する気にはなれなかった」
とある。④ lost courage **「勇気を失った」** が適切。get cold feet は「おじけづく，
気力を失う」の意。
　① 「病気になった」
　② 「わくわくした」
　③ 「制御できなくなった」

☐
☐ **13** 正解は②

訳 《小説の効能》

⑴　よい小説を読むと，就職面接のような社交やビジネスの場に対処する能力が向上するかもしれないということを知っていただろうか？　最近の科学的調査で，小説を読む人は，面接官の身体言語を読み取ったり，彼らが何を考え感じているかを理解したりすることにより長けていることがわかった。文学作品を読む人はまた，情緒的な認識力がより高く，社会的技能もいっそう優れているのである。

⑵　研究者たちは，文学を読むことがこのような影響を持つ理由を調査してきた。彼らは，小説ではより多くの作業が想像に任されることを突き止めた。したがって，読者は，登場人物の思考の微妙な点や複雑なところをより懸命に理解しようとしなければならない。登場人物それぞれの振る舞いを理解したり，感情のわずかな暗示に敏感になったりするのには，より多くの努力が必要とされる。文学を読むことによって，読者は人々に empathize したり，世界を他の人物の視点から見たりすることができるようになるのである。人を観察するとき，彼らは身振りや顔の表情を解釈するのがより巧みになる。

第2章

語句・構文

［第⑵段］ ▶ leave A to B「A を B に任せる，委ねる」
　　　　　 ▶ sensitive to ～「～に敏感に反応する」

問　「第⑵段にある empathize という語は ☐ ということに最も意味が近い」
　　当該文は「文学を読むことによって，読者は人々に empathize したり，世界を他の人物の視点から見たりすることができるようになる」とある。他の人と同じ視点に立てるということには，②feel what others are feeling「他の人が感じていることを感じる」が最も近い。empathize は「共感する」の意。
　　①「登場人物の行動を真似する」
　　③「他の人たちの考えに疑問を持つ」
　　④「自分の意見を強く述べる」

● つながり
第⑵段は，第1段で述べられたことに対する理由。
第⑵段第2文は 原因 を，第3文がその 結果 を表している。
第⑵段第4文は第3文のための 手段。

POINT

14　正解は④

> 訳　《望遠鏡の発明》
>
> 　17世紀に，ある科学者が，2枚のレンズをあるやり方で組み合わせると，ものを大きく見せられることに気づいた。彼はこの技法を使って最初の単純な望遠鏡を作製した。このarchaicな望遠鏡を使って，初期の科学者たちは月の表面を詳細に描写し，木星にはそのような衛星が少なくとも4つあるのを見て取ることができた。そのとき以来，人々は視界の範囲を広げるさまざまな機器を開発し，そうして地球の外にある宇宙について多くの事実を明らかにしてきた。望遠鏡は，私たちの能力で直接触れられる範囲を超えた物事に関する新しい見方を提供し続けている。

語句・構文　▶ beyond *one's* reach「～の手の届く範囲を超えた」

問　「この段落で使われているarchaicの意味に最も近いのは次のどれか」
　直前の第2文（He used this technique …）に「最初の単純な望遠鏡」とある。下線部を含むthese archaic telescopesはそれを言い換えたものであるので，④「原始的な，旧式の」が正解。archaicは「古い，古風な」の意。
①「進歩した」
②「現代の」
③「普通の」

● 説明
　第3文のthese archaic telescopesは第2文のthe first simple telescopeを指していると考えられる。なお，本来，〈these＋名詞〉は前に登場した複数形の名詞や複数のものをまとめる働きをするが，ここでは直後のearly scientists「初期の科学者たち」が使っているという内容から，この望遠鏡が複数作られるようになり，その複数の望遠鏡をそれぞれの科学者が用いていることを意味するため複数形になっていると考えられる。

15 問1 正解は② 　問2 正解は② 　問3 正解は③

> 訳 《姉妹都市交流会への参加募集》
> あなたはあなたの街の英語のウェブサイトに，興味深い掲示を見つけました。
>
> ---
>
> ### 参加者募集：姉妹都市青少年交流会
> ### 「共に生きることを学ぶ」
>
> 　私たちの街のドイツ，セネガル，そしてメキシコの3つの姉妹都市がそれぞれ，15歳から18歳の10人の若者を来年の3月に私たちの街に派遣します。「共に生きることを学ぶ」という8日間の青少年交流会が開催される予定です。それは私たちの招待客の日本への初めての訪問となる予定です。
>
> 　私たちは参加してくれる人を探しています：私たちは私たちの街の高校から30人の生徒の主催チーム，訪問する青少年のための30世帯のホームステイファミリー，そしてイベントを管理する20人のスタッフを必要としています。
>
> | 進行スケジュール |
> | --- |
>
> | | |
> | --- | --- |
> | 3月20日 | オリエンテーション，歓迎パーティー |
> | 3月21日 | 少人数の4カ国合同グループで観光 |
> | 3月22日 | 伝統舞踊に関する2つのプレゼンテーション：
(1)セネガルの学生，(2)日本の学生 |
> | 3月23日 | 伝統的食生活に関する2つのプレゼンテーション：
(1)メキシコの学生，(2)日本の学生 |
> | 3月24日 | 伝統的衣装に関する2つのプレゼンテーション：
(1)ドイツの学生，(2)日本の学生 |
> | 3月25日 | 少人数の4カ国合同グループで観光 |
> | 3月26日 | ホストファミリーと自由時間 |
> | 3月27日 | お別れパーティー |
>
> - パーティーとプレゼンテーションはコミュニティーセンターで開催されます。
> - 交流会の言語は英語になります。私たちの訪問客は英語のネイティブスピーカーではありませんが，彼らは基本的な英語のスキルを持っています。
>
> 　登録するには12月20日午後5時までに**ここ**をクリックしてください。
>
> ▶▶市役所国際交流課

▬ 語句・構文 ▬

▶ sister city「姉妹都市」
▶ youth meeting「青少年交流会」
▶ participate「参加する」

問1　正解は②

「この掲示の目的は開催都市から[　　　]する人を見つけることである」

第2段第1文に「私たちは参加してくれる人を探しています」とあることから，正
解は②「**イベントに参加する**」となる。

① 「活動のスケジュールを決める」
③ 「すべての姉妹都市を訪ねる」
④ 「交流会に関するレポートを書く」

問2　正解は②

「交流会の間，学生たちは[　　　]予定である」

進行スケジュールを見ると，「伝統舞踊に関するプレゼンテーション」「伝統的食生
活に関するプレゼンテーション」「伝統的衣装に関するプレゼンテーション」をそ
れぞれ招待国のうちの一国と日本の学生が行う予定であることがわかる。したがっ
て正解は②「**自分たちの文化についてプレゼンテーションを行う**」となる。

① 「国際問題について議論をする」
③ 「ほとんどの時間を観光に使う」
④ 「言語を教えるために地元の高校を訪れる」

問3　正解は③

「その交流会はよいコミュニケーションの機会になるだろう。なぜならすべての学
生は[　　　]からである」

進行スケジュールの下の注意書きに，「交流会の言語は英語になります。私たちの
訪問客は英語のネイティブスピーカーではありませんが，彼らは基本的な英語のス
キルを持っています」とあることから，正解は③「**英語でお互いと話をする**」。

① 「異なった年齢のグループに分けられる」
② 「日本語と英語のレッスンを受ける」
④ 「3つの姉妹都市からの家族と滞在する」

　　問1ではこの告知の**目的**が，問3ではこの会合がコミュニケーションの良い
機会になる**理由**が，それぞれ求められている。ただし，問3は，掲示内に因果
関係が明示されているわけではないので，消去法も活用したい。POINT

16　問1　正解は④　　問2　正解は③　　問3　正解は④

訳　《自動販売機と人間》
　あなたは新聞にセールスマンによって書かれた以下の記事を見つけました。

機械の行進

ニック=ライトフィールド

［第1段］　トロントの大学を卒業した後，私は貿易会社で働き始めた。このことは私がさまざまな街に住んで仕事をしなければならないということを意味している。私の最初の赴任地は，そのオフィス街，ショッピング街，そしてナイトライフで有名な街，ニューヨークだった。自由時間には，私は歩き回って興味深い品物を売っている店を探すことがとても好きだった。夜になっても，私は店から店へと歩き回ったものだ。

［第2段］　それから2年が経ち，私は東京に転勤になった。私の東京の第一印象は，それはニューヨークにとてもよく似た忙しい街であるということだった。しかしながら，私が新宿の通り沿いに夜の散歩をした初日に，私は違いに気づいた。仕事帰りの人や買い物客らの人混みの中で，私は何列もの明るく照らされた自動販売機がキャンディーのような色の光を放っているのを見つけた。ニューヨークでは，たいていの自動販売機はオフィス街や地下鉄の駅に設置されている。しかし私は自動販売機の列が，ほとんどすべての通りに兵士のように立っていて，コーヒー，ジュース，そしてカップラーメンさえも1日24時間売っているなどということを一度も想像したことがなかった。

［第3段］　新宿で立ちながら，私はバンクーバーについて考えていた。私はそこで生まれ育ったのである。私にとってそこは素晴らしい街であったが，ニューヨークや東京の都市生活を経験してしまった今，私はバンクーバーにいた頃，いかに世間を知らなかったかということを認めざるをえない。私がこれまでの自分の人生について考えていると，雨が降り出した。コンビニエンスストアに走り出そうとしたとき傘の自動販売機に気づいた。助かった！そして私はもしかしたら科学技術が進歩するにつれて，私たちは機械からすべてのものを買うことができるようになるのだろうと思った。自動販売機はコンビニエンスストアに取って代わるのだろうか？　機械は私のようなセールスマンの代わりになるのだろうか？私はその夜よく眠ることができなかった。それは時差ぼけのせいか，それとも別の何かのせいだろうか？

語句・構文

［第1段］▶ wander from store to store「店から店へと歩き回る」
［第2段］▶ brightly-lit「明るく照らされた」
　　　　　▶ vending machine「自動販売機」
［第3段］▶ replace「〜に取って代わる」

問1　正解は④

「筆者は以下の順番である場所から他の場所へと引っ越した」

第1段に「トロントの大学を卒業した後，私は貿易会社で働き始めた」「私の最初の赴任地は，…ニューヨークだった」とあり，第2段に「それから2年が経ち，私は東京に転勤になった」とあり，さらに第3段で「私はバンクーバーについて考えていた。私はそこで生まれ育ったのである」とある。以上のことから，筆者のたどった経路は④「**バンクーバー→トロント→ニューヨーク→東京**」となる。

① 「トロント→ニューヨーク→東京→バンクーバー」
② 「トロント→バンクーバー→ニューヨーク→東京」
③ 「バンクーバー→ニューヨーク→東京→トロント」

問2　正解は③

「筆者は　　　　　ということを言っている」

第2段で東京とニューヨークの類似点と相違点について述べており，相違点として，ニューヨークの自動販売機がオフィス街や地下鉄の駅に設置されているのに対して，東京では自動販売機が24時間稼動しながら繁華街で列をなしている様子を挙げている。したがって，正解は③「**ニューヨークと東京における自動販売機の設置場所は違う**」となる。

① 「ニューヨークでの生活は東京での生活よりもより快適である」
② 「東京での生活はニューヨークでの生活ほど面白くない」
④ 「ニューヨークと東京では自動販売機で同じ商品が売られている」

問3　正解は④

「筆者が東京にいた頃，彼は　　　　　」

第3段で，自動販売機が進化している様を目の当たりにして，機械が人間の仕事を奪う未来を連想し，「機械は私のようなセールスマンの代わりになるのだろうか？私はその夜よく眠ることができなかった」と続く。したがって，正解はこれの言い換えとなる④「**突然自分の仕事の未来について心配になった**」となる。

① 「自動販売機を売ることについて考え始めた」
② 「バンクーバーのほうがよいと気づいた。なぜならそこは彼の故郷だから」

③「街から街へと引っ越してきたことを後悔し始めた」

- 各設問で求められていること
  - 問１　情報を [時系列] に整理すること
    地名に番号を振ったり，順番に並べたメモを取りながら読む。
  - 問２　[対比] されている情報を読み取ること
    ニューヨークと東京の類似点と相違点について述べられている段落を読み，どのような類似点と相違点があるかを整理する。
  - 問３　最終段の情報をまとめること
    筆者が何を言おうとしているのかを考え，選択肢から適切な言い換えを選ぶ。

第2章

17　問1　正解は③　　問2　正解は①　　問3　正解は②

訳　《病院へのお見舞いにおける異文化体験》
　あなたは留学雑誌の中で以下の話を見つけました。

花とそれらの持つ隠された意味
マエヤマナオコ（教員助手）
［第1段］　花を贈ることは間違いなく素敵なことです。しかし，あなたが外国にいるときには，あなたは文化の違いについて知っておくべきです。
［第2段］　デボラは3週間の語学プログラムで日本の私たちの学校に来ていて，最初は彼女の母国であるカナダ出身の学生は一人もいなかったので緊張していました。しかし彼女はすぐに多くの友人を作り，そして教室の中と外で素晴らしい時間を過ごしていました。ある日，彼女は彼女の日本語の先生である林先生が駅の階段で転んで入院しているということを聞きました。彼女はとても驚き心配して，そしてできるだけ早くお見舞いに行きたいと思いました。デボラはクラスメートとともに病院に行くことに決め，先生を喜ばせるために鉢植えの赤いベゴニアを持っていきました。彼女たちが病室に入ったとき，彼はにっこり笑って彼女たちを歓迎しました。しかしながら，彼の表情はデボラが赤い花を彼に渡したとき，急に変わりました。デボラは少し困惑しましたが，彼女は彼を困らせたくなかったので理由は尋ねませんでした。
［第3段］　後になって，デボラは彼女の初歩的な日本語で，辞書の助けを借りながら，彼女が病院にお見舞いに行ったこと，そして彼女が彼女の先生にベゴニアを渡したとき，どのように彼の表情が変わったかについて私に話してくれました。デボラは「赤は情熱の色なので，それは私の一番好きな花なのです。私は私の先生もいつも教えることに関して熱心なので，それをきっと気に入るだろうと思っていました」と言いました。
［第4段］　残念なことに，植木鉢に植えてある花は日本では病院に持っていくべきではないものです。その理由は植木鉢に植えてある植物には根があり，したがって簡単に動かすことができないからです。日本の文化ではこれらの事実から入院が長引くことを連想する人がいます。デボラは植木鉢に植えたベゴニアの隠された意味を聞いたすぐ後，林先生のもとへ謝りに再びお見舞いに行きました。

語句・構文

［第1段］▶ definitely「間違いなく」
［第2段］▶ flower pot「植木鉢」
［第4段］▶ associate A with B「A と B を結びつける」

問1　正解は③

「話によると，デボラの感情は次の順番で変化した：□□□□」

デボラの心情は，第2段で，「デボラは…最初は彼女の母国であるカナダ出身の学生は一人もいなかったので緊張していました」（緊張），「しかし彼女はすぐに多くの友人を作り，そして教室の中と外で素晴らしい時間を過ごしていました」（幸せ），「彼女はとても驚き心配して…」（驚き），「デボラは少し困惑しました」（困惑）と移っていき，最終段で「彼女は林先生のもとへ謝りに再びお見舞いに行きました」（申し訳ない）となるので，正解は③となる。選択肢が6つなので少しややこしく，本文で用いられている感情表現と選択肢の感情形容詞を正しく結びつけられるかどうかが鍵である。(nervous→having a great time〔⇒ happy〕→surprised and upset〔⇒ shocked〕→puzzled〔⇒ confused〕→apologize〔⇒ sorry〕)

問2　正解は①

「デボラが選んだ贈り物は日本では適切ではなかった。なぜならそれは□□□□を暗に意味するからである」

最終段に，「植木鉢に植えてある植物には根があり，したがって簡単に動かすことができないからです。日本の文化ではこれらの事実から入院が長引くことを連想する人がいます」とあることから，正解は①**「長期の入院」**となる。remaining in the hospital を選択肢では a long stay と言い換えていることを見抜くこと。

②「祝福」　　　③「怒りの増大」　　　④「生きることへの情熱」

問3　正解は②

「この話から，あなたはデボラが□□□□ということを知った」

第3段で，「デボラは彼女の初歩的な日本語で，辞書の助けを借りながら…私に話してくれました」とあり，ベゴニアの件について話すために日本語を練習したことがわかり，最終段で植木鉢に植えた花の持つ意味を学んでいるので，正解は②**「ベゴニアのために日本語を練習しただけでなく，日本の文化についても学んだ」**となる。

①「彼女は授業で数種の花の意味を学んだので，彼女の先生にベゴニアを選んだ」

③「教員助手とともに病院にお見舞いに行って先生に会い，会話を楽しんだ」

④「林先生からベゴニアについての説明を受け，その隠された意味を学んだ」

問1では感情の変化を時系列に並べることが問われ，問2ではある事柄に対する「理由」を答えることが求められている。ここでは，This is because 〜「その理由は〜だから」を使って，植木鉢を病院に持っていくべきではない（＝デボラの贈り物が適切でない）理由が述べられている。

POINT

18　問1　正解は③，②，④，①　　問2　正解は④　　問3　正解は③

訳　《伝説のミュージシャン》

　英国にいるあなたの友人が，お気に入りのミュージシャンをあなたに紹介しました。もっと多くのことが知りたいと思い，あなたは音楽雑誌の中に以下の記事を見つけました。

デイヴ＝スター，生きるレジェンド

［第1段］　かつて，ブラックスワンは英国で最も偉大なロックバンドであった。力強いリーダーであるデイヴ＝スターがその成功に大きな役割を果たしていた。今なおソロシンガーとして活躍しており，デイヴの素晴らしい才能はさまざまな世代の若いミュージシャンに影響を与えてきた。

［第2段］　幼い少年の頃，デイヴはいつも歌ったり，おもちゃの楽器を使って演奏したりしていた。おもちゃのドラムをたたいているときほど幸せなときはなかった。7歳の頃に初めて本物のドラムセットを与えてもらい，10歳までには上手に演奏することができた。14歳までにはギターもマスターしていた。彼がまだ高校生だった頃にブルーバーズのメンバーになり，リズムギターを演奏した。経験を積むために，ブルーバーズは学校行事やコミュニティセンターで，無料で演奏した。このバンドには小規模ながらも熱狂的なファンの一団がいた。

［第3段］　デイヴが大きくブレイクしたのは，彼の18歳の誕生日に，ブラックスワンのドラム奏者になるよう要請されたのがきっかけだった。それからわずか2年で，そのバンドの公演は大規模なコンサート会場でもチケットを完売した。そういうわけで，バンドのリードボーカルが家族との時間を増やすために引退したことは，ショッキングな出来事であった。ところがデイヴは，リードシンガーを引き継ぐというチャンスに飛びついた。そのことは，彼の大好きな楽器を演奏することがもうできなくなる可能性があることを意味するにもかかわらず。

［第4段］　翌年以降，ブラックスワンはますます成功し，音楽チャートでトップに立ち，さらに多くのファンを獲得した。デイヴは時代を代表するソングライターになり，バンドに貢献していることを誇りに思っていた。ところが，キーボード奏者を加入させたことによって，バンドの音楽は徐々に方向性を変えていった。デイヴの不満は募り，彼とリードギタリストはバンドを去って，新しいグループを立ち上げることに決めた。残念ながら，デイヴの新しいバンドはブラックスワンと同じ水準の成功には届かず，わずか18カ月しか存続しなかった。

語句・構文

[第1段] ▶ at one time「かつては」

▶ play a large part in ～「～において大きな役割を果たす」

▶ achievement「業績」

▶ incredible「(信じられないほど) 素晴らしい」

▶ talent「才能」

▶ generations of ～「何世代にもわたる～」

[第2段] ▶ instrument「楽器」

▶ for free「無料で」

▶ a circle of ～「～の一つの集団」

[第3段] ▶ break「躍進」

▶ sell out「完売する」　ここでは「コンサートのチケットを完売する」の意。

▶ quit to *do*「～するために辞める」　to *do* は「目的」を表す副詞的用法の不定詞。

▶ take over as ～「～としての役割を引き継ぐ」

[第4段] ▶ top ～「～の首位になる」

▶ gain「～を獲得する」

▶ principal「第一の」

▶ contribution to ～「～への貢献」

▶ become frustrated「欲求不満になる」

問1　　正解は③, ②, ④, ①

「以下の出来事 (①～④) を起こった順に並べなさい」

① 「デイヴはソロアーティストになった」

② 「デイヴはドラム演奏をあきらめた」

③ 「デイヴはギター奏者としてバンドに加入した」

④ 「デイヴは経歴の中での頂点に達した」

第2段第5文 (When he was still …) に, 高校時代にリズムギターとしてブルーバーズに加入したとあり, これは③に一致する。第3段に, その後の18歳のときにドラム奏者として加入したブラックスワンで, ドラムの演奏ができなくなるのと引き換えに, 引退したリードボーカルの後を継いだとある。これは②に一致する。第4段第1・2文 (In the following … to the band.) には, その翌年からブラックスワンが成功を収め, デイヴは時代を代表するソングライターになったとあり, これは④に一致する。第4段最終文 (Unfortunately, Dave's new …) には, ブラックスワンを脱退した後の新グループは短期間しか続かなかったとあり, ここで本

文は終了している。ところが，第1段第2文（Still　performing　as …）に「今な
おソロシンガーとして活躍しており」とあるので，①が最後に来るとわかる。
以上から，③→②→④→①の順に並べるのが適切である。

問2　正解は④

「デイヴがブラックスワンのリードシンガーになったのは，_____からである」

　第3段第3文（It　came　as …）に「バンドのリードボーカルが家族との時間を増
やすために引退した」とあり，次の第4文（However，Dave　jumped …）には
「リードシンガーを引き継ぐというチャンスに飛びついた」とあることから，「それ
以前のシンガーが個人的な理由で引退した」ことがきっかけで，デイヴがリードシ
ンガーになったことがわかる。正解は④。

① 「彼はドラムを演奏するよりも歌うことを好んでいた」
② 「彼はバンドの音楽の方向性を変えたいと思っていた」
③ 「他のバンドメンバーたちはもっと成功したいと思っていた」

問3　正解は③

「この話から，あなたは_____ということがわかる」

　選択肢を一つずつ本文と照らし合わせる。

① 「ブラックスワンはロック音楽の方向性の変化の一因になった」　ブラックスワ
　ンというバンドがロック音楽を変えたという記述は本文にはない。
② 「ブラックスワンのグッズはコンサート会場で非常によく売れた」　第3段第2
　文（In just two …）の were selling out at large concert halls は，コンサート
　ホールの「チケットを完売していた」の意味である。グッズの売れ行きに関する
　記述は本文にはない。
③ 「デイヴは幼い頃から音楽の才能を発揮した」　第2段に，デイヴは早くから楽
　器に親しみ，10代前半でドラムやギターを習得していたとある。これが正解。
④ 「デイヴはリードギタリストに不満を抱いてソロになった」　デイヴがソロアー
　ティストになるきっかけを説明する記述は本文にはない。

19 問1　正解は①，②，④，③　　問2　正解は①　　問3　正解は④

> **訳** 《犬の保護施設への訪問記》
> あなたの英国人の友達が，英国の犬に関する興味深い記事を見せてくれる。

愛犬家の楽園

[第1段]　もしあなたが，犬の保護施設は犬が過密な状況に押し込められていることの多いところだと思っているなら，グリーンフィールズにあるロバート゠グレイの犬の救済保護施設を訪れると驚くことだろう。この前の夏，この雑誌のための写真を撮るためにそこを訪れるように依頼されたとき，私はその機会に飛びついた。あれほど多くの健康で幸せな犬たちが野原を自由に駆け回っているのを見るのが，どれほど素晴らしかったか，私は決して忘れないだろう。

[第2段]　私が訪問したときには，およそ 70 匹の犬がそこで暮らしていた。それ以降，犬の数は 100 匹以上に増えている。この犬たちにとってこの保護施設は，放置されていた過去の生活とはかけ離れた安全な場所である。オーナーのロバート゠グレイは，2008 年にメルチェスターの街路から，家のない犬たちを引き取り始めた。当時，街にはびこる犬たちの問題が深刻化していた。ロバートは自宅の裏庭で保護施設を始めたが，犬の数が日ごとに増えていき，すぐに 20 匹に達した。そのため，2009 年の夏に，保護施設をグリーンフィールズにあるおじの農場に移した。

[第3段]　私がグリーンフィールズで見たものは，犬にとっての楽園のように見えたが，ロバートは保護施設を運営するのに多くの困難に直面してきたと私に語った。メルチェスターでの最初期のころからずっと，犬にエサや治療を与える費用は問題の一つである。もう一つの問題は，犬の振る舞いに関するものだ。近所の農家の人の中には，犬が自分の土地に入り込んできたり，大きな声で吠えたりすることが気に入らない人たちもいる。農場の動物たちが怖がってしまうのだ。もっとも，実際にはほとんどの犬がとても人なつこい。

[第4段]　犬の数は増え続けており，ロバートは，訪問者が自分の好きな犬を見つ

けて，その犬にずっと暮らせる家を与えてくれることを望んでいる。マトレーという名前のとてもかわいい1匹の犬が，どこへでも私のあとをついてきた。私はすっかり心を奪われた！　私はマトレーに，すぐにまた戻って来て，一緒に家に連れて帰るからねと約束した。

マイク=デイビス（2022年1月）

語句・構文

［第1段］　▶ shelter「避難所，保護施設」
［第2段］　▶ neglect「無視，放置」
　　　　　▶ run wild「はびこる」　wild は形容詞なので，run は「〜（ここでは wild）になる」の意（第2文型）。「荒々しい状態になる，野生化する」ことを表す。run wildly「荒々しく走る」（wildly は副詞）ではないので要注意。
［第3段］　▶ wander onto 〜「〜にふらふらと入って来る」

問1　正解は①，②，④，③
「次の出来事（①〜④）を起きた順に並べよ」
① 「その犬の保護施設は財政的な問題を抱え始めた」
② 「その犬の保護施設は新しい場所に移転した」
③ 「犬の数が100匹に達した」
④ 「筆者はグリーンフィールズにある犬の保護施設を訪れた」
第2段第1・2文（At the time of … to over 100.）に「私が訪問したときには，およそ70匹の犬がそこで暮らしていた。それ以降，犬の数は100匹以上に増えている」とあるので，④→③の順になる。第3段第2文（Since the very early …）に「メルチェスターでの最初期のころからずっと…費用は問題の一つである」，第2段第4文（The owner, …）に「ロバート=グレイは，2008年にメルチェスターの街路から，家のない犬たちを引き取り始めた」とあるので，財政問題は保護を開始した当初からあることがわかる。①が最初になると考えられる。第2段最終文（So, in the summer …）に「2009年の夏に，保護施設をグリーンフィールズに…移した」とあり，筆者が訪れたのは移転後の施設なので，②→④の順になる。ちなみに，記事の最後に「2022年」とあることと第1段第2文（When I was …）の last summer から，④の時期は2021年と判断できる。
全体で①→②→④→③の順になる。

問2　正解は①
「この犬の保護施設が始まったのは　　　　　からだった」

第2段第4文（The owner, …）に「ロバート=グレイは，2008年にメルチェスターの街路から，家のない犬たちを引き取り始めた。当時，街にはびこる犬たちの問題が深刻化していた」とある。①「メルチェスターでは，飼い主のいない多くの犬がいた」が正解。

②「人々が，犬が通りを自由に走り回るのを見たがっていた」

③「グリーンフィールズの農家の人たちが，自分の犬たちのことで悩んでいた」

④「人々が犬を引き取れる場所が必要だった」

問3　正解は④

「この記事から，あなたは＿＿＿ことがわかった」

第4段最終文に（I promised Muttley …）「私はマトレーに，すぐにまた戻って来て，一緒に家に連れて帰るからねと約束した」とある。④「筆者は1匹の犬を引き取ることを考えている」が正解。

①「ロバートのおじは2008年に犬を救済し始めた」

②「保護施設の犬たちは静かでお行儀がよい」

③「その保護施設は，これ以上の犬を受け入れるのをやめた」

第2章

20 問1　[1] [2] [3]　正解は④, ①, ②
問2　[4]　正解は②, ④　[5]　正解は③, ⑤, ⑥　　問3　正解は④

訳　《黒コショウと白コショウの比較》
　あなたは香辛料の特徴に関するプレゼンテーションの準備をしています。あなたは黒コショウと白コショウに関する記事を見つけました。その記事を読んでメモを取ることにしました。

黒コショウと白コショウ

[Part 1]　最近のいくつかの研究から，香辛料には私たちが長生きをする手助けとなる働きがあることがわかってきた。世界にはさまざまな香辛料があるが，おそらく馴染み深いのは黒コショウと白コショウの2つだろう。黒コショウと白コショウの両方とも同じコショウの植物の実からとれる。しかし，両者ではその製造工程が異なる。黒コショウはコショウの植物の熟す前の実から作られる。一つ一つの実は，小さな緑色のボールのような形で，直径は3～6ミリほどの大きさである。収穫された実は，太陽の下で乾燥させられると黒くなる。乾燥した実は「コショウの実」と呼ばれる。粉末の黒コショウの色はコショウの実の皮の色から生じたものなのだ。一方，白コショウを作るには，コショウの実がサクランボ色になってから収穫される。その実の皮は天日干しする前に取り除かれる。その実の中の種の色が白色なのだ。これが白コショウの実の製造工程である。皮が非常に薄いため，黒コショウの実と白コショウの実の大きさはよく似ている。通常，黒コショウよりも白コショウのほうが値段が高いのだが，これは白コショウの製造のほうが多くの処理工程を経るためである。

[Part 2]　コショウの風味は何から生じているのであろう？　コショウの辛くてスパイシーな味は「ピペリン」と呼ばれる天然化合物によるものである。コショウの実の種だけではなく外側の皮の部分にも多くのピペリンが含まれている。したがって，黒コショウのほうが白コショウよりも辛いと言われている。また黒コショウには，その味をより複雑なものにしているその他の物質が数多く含まれている。さまざまな物質が混ざることで生み出される黒コショウ独特の風味は，多くの種類の料理に合う。白コショウの風味は黒コショウよりも上品だと評価されることが多いが，ステーキのような肉料理の味を引き立てるには風味が弱すぎる。その色のおかげで，白コショウは淡い色の料理に使われることが多い。マッシュポテト，ホワイトソース，白身魚は，白コショウで味付けされれば，見た目がよりよくなるだろう。

[Part 3]　歴史的に見ると，コショウは民間療法に使われてきた。たとえば，咳や風邪の治療法としてよく知られていた。コショウの健康への影響はピペリンに起

因するところがある。ビタミンCのように，ピペリンは強力な抗酸化物質である。これは，この化合物を含む食べ物を食べることで，有害な化学反応を防ぐ可能性があることを意味する。さらに，最近の研究から，コショウはいくつかの種類の病気の影響を軽減することもわかっている。ピペリンを含むあらゆる香辛料には人間の体に対するこの効果が見られる。黒コショウと白コショウの両方に同じ健康上の効果があるのだ。

語句・構文

[Part 1]　▶ fruit「実，果実」
　　　　　▶ process「〜を加工処理する」
　　　　　▶ unripe「熟していない」
　　　　　▶ peppercorn「コショウの実」
　　　　　▶ skin「皮」
[Part 2]　▶ compound「化合物」
　　　　　▶ layer「皮，層」
　　　　　▶ substance「物質」
　　　　　▶ refined「上品な」
[Part 3]　▶ folk medicine「民間療法」
　　　　　▶ remedy「治療法」
　　　　　▶ potent「強力な」
　　　　　▶ antioxidant「抗酸化物質」

第2章

「　1　から　6　を埋めてメモを完成させなさい」

メモ

概要：

Part 1:　　　1

Part 2:　　　2

Part 3:　　　3

表：黒コショウと白コショウの比較

共通点	相違点
4	5

主なポイント：　　　6

問1　　1　　2　　3　　正解は④，①，②

「Part 1，2，3の最も適切な見出しはそれぞれ　1　　2　　3　である（各選択肢は一度のみ使える）」

各パートの要旨を理解し，適切な見出しをそれぞれ選ぶ問題。

Part 1 では黒コショウおよび白コショウの製造工程について述べられているので，　1　は④「黒コショウと白コショウの製造」が適切。

Part 2 では黒コショウと白コショウの風味の特徴について対比的に説明されているので，　2　は①「香辛料としてのコショウの特徴」が適切。

Part 3 では人間の体の健康に対するコショウの効果について説明されているので，　3　は②「健康に対するコショウの効果」が適切。

なお③「黒コショウと白コショウの原産地」について述べられている部分はない。

問2　　4　　正解は②，④　　5　　正解は③，⑤，⑥

「以下の中で，記事で述べられた共通点と相違点はそれぞれ　4　　5　である（複数選択可）」

黒コショウと白コショウを比較し，その共通点と相違点を選ぶ問題で，それぞれに2つ以上の選択肢が当てはまる可能性がある。

① 「ビタミンCの量」 本文中で黒コショウと白コショウのビタミンCの含有量について述べられている部分はない。

② 「病気に対する効果」 Part 3 最終文（Both black and …）で黒コショウと白コショウの両方に同じ健康上の効果があると述べられている。

③ 「風味」 Part 2 の第4文（Therefore, some people …）で白コショウよりも黒コショウのほうが辛いとあり，第5文以降（Black pepper also …）でも両者の違いが説明されている。

④ 「植物」 Part 1 の第3文（Black and white …）で黒コショウと白コショウの両方が同じコショウの植物の実からとれると述べられている。

⑤ 「価格」 Part 1 の最終文（White pepper is …）で，黒コショウよりも白コショウのほうが値段が高いと述べられている。

⑥ 「皮の除去」 Part 1 の第9文（The color of the powdered …）で黒コショウの色はコショウの実の皮の色から生じるものだとあるので，皮が除去されていないことがわかる。第10文（On the other …）から白コショウの製造方法の説明がされ，続く第11文（The skin of …）では白コショウの実の皮は天日干しをする前に取り除かれると述べられている。

よって，共通点は②，④，相違点は③，⑤，⑥となる。

問3　正解は④

「この記事は主に　6　について論じている」

Part 1 では黒コショウと白コショウが同じ植物の実から作られることと，その製造工程の違いが述べられ，Part 2 では両者の風味の違いが対比的に説明されている。また Part 3 では両者の健康に対する効果が述べられているので，④「白コショウと黒コショウの類似点と相違点および両者の健康に対する効果」が正解。

① 「他の香辛料と比較し，黒コショウと白コショウを使うことの長所と短所」

② 「人々が黒コショウと白コショウを作り始めた理由と，その人気がなくなった理由」

③ 「白コショウが黒コショウよりも優れている理由と，白コショウのほうが私たちにとってよい理由」

第2章

21 問1 (a)　正解は③　　問1 (b)　正解は①　　問2　正解は①
　　　問3　正解は①　　問4　正解は③

訳 《『オスカーのキャンプ・キャニオンでの経験』という物語の感想》
　あなたは授業で『オスカーのキャンプ・キャニオンでの経験』という物語の感想
を書いています。

オスカーのキャンプ・キャニオンでの経験

［第1段］　12歳のオスカーはキャンプ・キャニオンでの素晴らしい1週間を終え
たところだ。新しい友達を作り，新たなスキルを磨き，数ある中でも特に科学の楽
しさに気づくなど，彼はとても楽しいときを過ごした。そしてオスカーはある大切
な教訓を学んだ：困難な状況に直面したとき，時にはただ何も反応しないことが最
善の策になることもあるのだ。また彼は物事が必ずしも見かけどおりとは限らない
ことも学んだ。

［第2段］　キャンプ・キャニオンは8歳から16歳の少年少女を対象としたサマー
キャンプだ。アメリカには数多くの種類のキャンプがある。そこでは子どもたちが
特定の技術の習得に重点的に取り組んだり，宗教的な本や伝統から価値観を学んだ
りすることが多い。しかし，キャンプ・キャニオンは違う。その主な目的は，子ど
もたちが，コミュニケーションとお互いを尊重することの大切さに基づいた考えを
働かせて，困難な状況の対処法を自分たち自身で発見することである。キャンプで
の1週間の間，泳いだり，遊んだり，科学体験や自然に関する学習課題に取り組み
ながら，子どもたちは判断力と善悪を分別する力を高めていくのだ。

［第3段］　今回はオスカーにとってキャンプ・キャニオンでの2度目の夏だったの
で，彼は新しく参加した人たちを案内して楽しんでいた。彼は初日に，同い年の男
の子で，初めてこのキャンプに参加したディランに自己紹介をした。オスカーはデ
ィランが新しい環境に慣れる手助けをして多くの時間を過ごしていたので，彼らは
すぐに親しい友達になった。二人でテレビゲームをしたり木に登ったりして楽しみ，
このキャンプで，ドッジボールの一種であるガガボールが二人とも大好きだと気づ
いた。オスカーとディランは他の子たちめがけてボールを投げ，笑いながら大声を
上げ，クタクタになるまでガガボールをしていた。その後，二段ベッドの上に座っ
て，自分たちの家庭や学校生活，そしてキャンプ・キャニオンをどれだけ楽しんで
いるのか何時間も語り合ったものだ。

［第4段］　キャンプの他の参加者の一人にクリストファーという名の男の子がいた。
最初，クリストファーは行儀がよく，楽しいことが好きな男の子のように思えた。
オスカーは彼と知り合いになることが待ち遠しかった。しかしクリストファーの態

度が変わり始めるのにさほど時間はかからなかった。彼はわざわざベッドを整えたりもしなかった。彼はゲームや他の持ち物も床に散らかしたままだった。彼は思いやりがなく，自己中心的だった。そして程なくしてオスカーとディランが気づくように，彼は意地悪だったのだ。

[第5段]　朝食のとき，「ディランは歯を磨かなかったんだ。それに臭いんだ！　今日はシャワーも浴びてないんだ」とクリストファーは他の子どもたち全員に聞こえるように大声で言った。

[第6段]　オスカーとディランはクリストファーの言葉を聞いてショックを受けた。オスカーは常にみんなが歓迎されていると感じるようにしようと最善を尽くしてきた。クリストファーは二人を動揺させるようなことを言うのをとても楽しんでいるようだった。昼食のときに列に並んでいると，彼はオスカーの前に割り込んでくることさえあった。オスカーが怒って抗議をしても，彼はただ笑っているだけだった。

[第7段]　オスカーはクリストファーの問題についてキャンプのカウンセラーに相談した。彼女はクリストファーに厳しく注意をしたが，むしろ彼の態度はさらに悪くなっていった。他の子どもたちも彼を避け，キャンプでの楽しい活動を台無しにしないように決めていた。

[第8段]　キャンプでの楽しい活動の一つに科学の先生とのディスカッションの時間があった。オスカーは学校では科学にほとんど興味を示さなかったが，キャンプで彼はこのディスカッションを本当に楽しんでいた。子どもたちは先生と語り合い，自分たちが新しく知る科学的真理にますます興奮していった。オスカーは特に反射光と色がどのように見えるのかについて学ぶことに夢中になった。たとえば，赤色の物体は，虹のあらゆる色を吸収するが，私たちの目に赤の光だけを反射するのだ。

[第9段]　「だからね」とオスカーは息をはずませてディランに語りかけ，「赤い物は，実際は反射されている赤色以外のあらゆる色なんだよ！　これってすごくない？　科学が大好きになったよ！」と続けた。彼は物事が必ずしも見かけどおりとは限らないことに気づいたのである。

[第10段]　またキャンプの参加者たちは，1週間をともに過ごし，自分たちのグループにとって最善の倫理と規則についても議論した。意見の相違があるときにはいつでも立ち止まって，それぞれの状況に応じて，何が正しくて，何が間違っているのかを考えてみた。こうして，彼らは仲のいい集団として，協力しながら活動することを学んだのである。

[第11段]　こうした議論を通して，オスカーはある問題に対して一つの明確な解決法があるとは限らないことを学んだ。クリストファーのひどい振る舞いのケースのように，時として何も反応しないことが解決策になることもあるのかもしれない。取り乱しても何も変わらず，劇的なことを起こさず事態を解決する最善の方法は，その場から離れることだとオスカーは気づいた。彼とディランは冷静になり，クリ

ストファーの侮辱に反応するのをやめた。これはうまくいったようだった。程なくして，クリストファーは彼らに嫌な思いをさせることに興味を失ったのである。

[第12段]　オスカーにとって1週間の終わりはあまりにも早くやってきた。家に戻って数日後にクリストファーからハガキが届いたとき，彼のキャンプの記憶はまだ鮮明に残っていた。

> オスカーへ
> 　キャンプでの僕の振る舞いについては本当にごめんなさい。君とディランが本当に楽しそうに見えたんだ！　僕はスポーツが得意じゃないから，仲間外れにされているように感じたんだ。しばらくして君たちが僕のひどい振る舞いを気にしなくなったとき，自分がなんてバカだったのかに気づいたよ。だから君に謝りたかったけど，本当に恥ずかしかったんだ。来年もキャンプに参加するのかい？　僕は参加するつもりなので，友達になれたらいいなと思っています！
> さようなら
> クリストファー

[第13段]　「そうか」驚きから落ち着きを取り戻したとき，オスカーは思った。「クリストファーには何も反応しないことが正しかったんだ」　彼はハガキを置くと，キャンプで学んだ別のことも思い出した：時として物事は見かけどおりとは限らない。

語句・構文

[第1段]　▶ have the time of *one's* life「楽しく過ごす」
　　　　▶ let it go「何も反応しない，放っておく」
　　　　▶ what S seem「Sの見かけ」

[第2段]　▶ mutual「相互の」
　　　　▶ hands-on「実際に体験できる」

[第3段]　▶ newcomer「新人」
　　　　▶ get used to ～「～に慣れる」
　　　　▶ bunk beds「二段ベッド」

[第4段]　▶ initially「最初は」
　　　　▶ belonging「持ち物」
　　　　▶ inconsiderate「思いやりのない」
　　　　▶ mean「意地悪な」

[第6段]　▶ take great delight in ～「～を大いに喜ぶ」

▶ upset「〜を動揺させる」

[第7段] ▶ if anything「それどころか」

[第8段] ▶ reflect「〜を反射する」

[第9段] ▶ breathlessly「息をはずませて」

[第10段] ▶ ethic「倫理，道徳」

▶ according to 〜「〜に応じて」

[第11段] ▶ as with 〜「〜のように」

▶ drama「劇的な事態」

▶ insult「侮辱」

「[1]から[5]を埋めて感想を完成させなさい」

物語の感想	題名： オスカーのキャンプ・キャニオンでの経験

概要

冒頭	中間部	結末
オスカーの2度目のキャンプ・キャニオンは新しい参加者を歓迎することで始まった。	→ [1] → [2] →	オスカーは問題の解決策を見つけるためにキャンプで学んだことを用いた。

主な登場人物

– オスカーは活発で社交的である。

– クリストファーは友好的ではないように見えたかもしれないが，実際は[3]であった。

あなたの意見

私はオスカーが問題の解決方法を本当に理解したとは思えない。彼がしたのは[4]ことだけであった。クリストファーの振る舞いがさらに悪くならなくて彼は運がよかった。

この物語を最も気に入りそうなのは…

[5]したいと思っている読者。

問1⒜　　1　　正解は③

物語の Middle「中間部」の概要について述べられている選択肢を選ぶ問題。
Beginning「冒頭」では，オスカーの２度目のキャンプ・キャニオンは新しい参加
者を歓迎することで始まったという内容が述べられており，これは第３段第１文の
内容と一致するので，それよりも後ろに書かれている内容を選べばよい。第４段第
４文（However, it wasn't …）では，キャンプの参加者であるクリストファーの
態度が変わったと述べられているので③「キャンプの参加者の一人が驚いたことに
その態度を変えた」が適切。
① 「キャンプの参加者全員がすぐに仲のいい友達になった」
② 「たいていのキャンプの参加者が楽しい活動を楽しまなくなった」
④ 「キャンプのカウンセラーは何とか深刻な問題を解決した」

問1⒝　　2　　正解は①

　1　に続く Middle「中間部」の概要について述べられている選択肢を選ぶ問題。
第５段および第６段では，クリストファーのひどい振る舞いについて述べられ，第
７段では，オスカーがクリストファーの問題についてカウンセラーに相談したが，
彼の態度はさらに悪くなったと続いているので，①「クリストファーはとてもひど
く振る舞い続けた」が適切。
② 「ディランは光がどのように反射するのかを理解することができた」
③ 「オスカーはグループディスカッションで指導的な役割を果たした」
④ 「カウンセラーは自分の見解を再検討した」

問2　　3　　正解は①

物語の登場人物であるクリストファーに関する説明で，空所を含む文は「クリスト
ファーは友好的ではないように見えたかもしれないが，実際は　　　　であった」
という意味。キャンプ終了後，オスカーに届いたクリストファーからのハガキには，
自分の振る舞いについての謝罪が述べられ，オスカーとディランの楽しそうな様子
を見て，スポーツが苦手な自分が仲間外れにされているように感じたという内容が
述べられている。したがって①「すべての活動には参加できなかったので，不満が
あっただけ」が適切。
② 「初めて家を離れたのでおそらく不安になった」
③ 「自分の正直な意見を隠そうとしていたので，たいていのキャンプの参加者より
　賢い」
④ 「友達と一緒に使うためのゲームを持ってきたほど思いやりがある」

問3　　4　　正解は①

　Your opinions「あなたの意見」の空所を含む文は「私はオスカーが問題の解決方法を本当に理解したとは思えない。彼がしたのは　　　　ことだけであった。クリストファーの振る舞いがさらに悪くならなくて彼は運がよかった」という意味。第11段第3・4文（Oscar realized that … to Christpher's insults.）では，クリストファーの問題に関して，最善の解決法は to walk away from it「その場から離れること」であると気づいたとあり，オスカーとディランはクリストファーの侮辱に反応するのをやめたという内容が述べられている。したがって①「**厄介な状況を避ける**」が適切。

　②「倫理と規則について議論する」

　③「他人を困らせる」

　④「さらに親切になろうとする」

問4　　5　　正解は③

　この物語に最も興味を持ちそうなのは，どのようなことを望んでいる読者なのかを答える問題。タイトルにもあるように，この物語はキャンプでの子どもたちの経験について書かれたものなので③「**自分の子ども時代の友達との経験を思い出す**」が適切。

　①「夏の野外活動について詳細な情報を得る」

　②「さまざまなスポーツで子どもたちが成功する感動的な物語を読む」

　④「子どもと大人の関係を理解する」

第2章

22 問1　正解は①　　問2　正解は②　　問3　正解は③　　問4　正解は①

訳 《エコフレンドリーなファッション》

　英語の授業で，あなたは自分が興味を持っている社会問題についてエッセイを書いています。これはあなたの最新の下書きです。あなたは今，先生からのコメントをもとに修正に取り組んでいます。

ファッションにエコフレンドリーなアクションを	コメント
［第1段］　多くの人がファッションを愛しています。服は自己表現のために重要ですが，ファッションは環境に害を与える可能性があります。日本では，毎年，約48万トンの服が捨てられていると言われています。これは，1日に大型トラック約130台分に相当します。私たちは，「捨てる」行動を改める必要があります。このエッセイでは，より持続可能であるための3つの方法を紹介します。	
［第2段］　まず，買い物をするときは，無計画な買い物を避けましょう。政府のある調査によると，約64%の買い物客が，すでに自分のクローゼットにあるものについて考えないとされています。⁽¹⁾∧ですから，買い物をするときは，自分の選択を慎重に計画するようにしましょう。	*(1)* ここに何か抜けています。2つの文の間にさらに情報を追加して，2つの文をつなげましょう。
［第3段］　また，普通に使えばより長持ちするような高品質の服を購入しましょう。値段は高いかもしれませんが，数年着られるとすればお得です。⁽²⁾∧安い生地は，すぐに色が落ちたり，古く見え始めたりするので，早く捨てる必要があります。	*(2)* ここに接続表現を入れましょう。
［第4段］　最後に，⁽³⁾服のことを考えましょう。たとえば，古着屋さんに売りましょう。そうすれば，他の人がそれを着て楽しむことができます。また，洋服を必要としている人のために，服をチャリティーに寄付することもできるでしょう。もうひとつの方法は，服の新しい用途を見つけることです。キルトやバッグなどの便利なアイテムに服を変身させる方法はたくさんあります。	*(3)* このトピックセンテンスは，このパラグラフとあまりマッチしていません。書き換えてください。

［第5段］　結論として，ライフスタイルを変える時が来たのです。これからは，買い物に行く前にクローゼットをチェックし，⁽⁴⁾より良いものを選び，最後に，洋服に第二の人生を与えてください。このようにすれば，私たちは皆，ファッションに関してより持続可能になれるのです。

(4) 下線部のフレーズは，あなたのエッセイの内容を十分に要約していません。変えてください。

総評：
あなたのエッセイは良くなってきています。この調子で頑張ってください。（自分のクローゼットはチェックしましたか？　私は自分のクローゼットをチェックしましたよ！☺）

第2章

語句・構文

［第1段］▶ throw away「～を投げ捨てる」
［第4段］▶ think about「～について熟考する」
　　　　　▶ transform *A* into *B*「*A* を *B* に変える」

問1　正解は①
「コメント(1)を踏まえて，付け加えるべき最も良い文はどれか」
(1)の前は「約64％の買い物客が，すでに自分のクローゼットにあるものについて考えないとされています」，後は「ですから，買い物をするときは，自分の選択を慎重に計画するようにしましょう」という内容である。前の内容から導かれる結果を考えて「人々は必要としていない，似たようなものをたくさん買う」という選択肢を選ぶ。①「その結果，人々は必要のない，似たようなものをたくさん買ってしまいます」が正解。
②「このため，顧客は洋服の買い物を楽しめません」
③「このせいで，店員は顧客が何を必要としているかを知りたがるのです」
④「このような状況では，消費者は買い物に行くのを避ける傾向にあります」

問2　正解は②
「コメント(2)を踏まえて，付け加えるべき表現として最も良いものはどれか」
(2)の前は「値段は高いかもしれませんが，数年着られるとすればお得です」，後は「安い生地は，すぐに色が落ちたり，古く見え始めたりするので，早く捨てる必要があります」という内容なので，「高価な品物」と「安い品物」の特徴を対立的に述べていると考えられる。このような対照を表すのは in contrast である。②「対照的に」が正解。

① 「たとえば」
③ 「それにもかかわらず」
④ 「したがって」

問3　正解は③

「コメント⑶を踏まえると，トピックセンテンスを書き換えるために最も適切な方法はどれか」

コメントのある第4段では，服を古着店に売ったり，チャリティーに寄付したり，古着を活用して別の品物にするといった内容が述べられている。これらは服の再利用に関することである。トピックセンテンスは，その段落で述べる内容を端的に示したものにすべきなので，reuse「再利用」とある③**「服を再利用する方法をみつけましょう」**が正解。

① 「新しい服を買うのを減らしましょう」
② 「古い服を処分しましょう」
④ 「不要になった服を手放しましょう」

問4　正解は①

「コメント⑷を踏まえると，どれが最も良い代わりの表現か」

下線部⑷は第3段の内容を要約したものになるので，「長持ちする高品質な服を買う」という内容に沿った選択肢を選ぶ。①**「状態を維持できるものを購入しましょう」**が正解。

② 「安価でファッション性の高い服を選びましょう」
③ 「変えられるものを選びましょう」
④ 「中古の服を購入しましょう」

　2025年度に導入される可能性のある問題形式で，生徒が書いた作文の添削コメントに従って英文を書き換える問題。形式としては目新しいが，問われている内容そのものは，文と文のつながりや，段落の要約であり，過去にセンター試験で出題されていたものと同じ出題意図である。

第3章

推測する／
事実と意見を
区別する

アプローチ

■ 推測する

　共通テストでは，「本文の内容から推測する」ことを求める設問も出題されています。

> 問　Emily was **most likely** ☐ when she was listening to the *rakugo* comedy.
> 訳　エミリーは落語を聞いていたとき，**おそらく**☐**だった。**
>
> 〔2022 年度本試験　第3問A　問2より〕

> 問　**What can be inferred** about sending tardigrades into space?
> 訳　クマムシを宇宙に送り込んだことについて**何が推測できるか？**
>
> 〔2023 年度本試験　第6問B　問5より〕

　また，本文の情報に対してどのような情報がさらに必要とされるか（本文の内容に続けるのにどのような情報が適切か）を答えさせる問題や，本文の情報をまとめて別の表現に言い換えさせる問題も出題されています。

> 問　**Which additional information would be the best** to further support Lee's argument for spaced learning?
> 訳　スペースト・ラーニングに賛成するリーの主張をさらにサポートするのに**最も良い追加情報はどれか？**
>
> 〔2023 年度本試験　第4問　問5より〕

> **What we can learn** from this story
> 「この話から**私たちが学べることは**」
> 　・ ☐ 37
> 　・ ☐ 38
>
> 問　Choose the best two options for ☐ 37 and ☐ 38 . (The order does not matter.)
> 「 ☐ 37 と ☐ 38 に入れる最適な2つの選択肢を選びなさい（順番は問いません）」

---

① Advice from people around us can help us change.
　「周囲の人からのアドバイスが私たちが変わる手助けになる」
② Confidence is important for being a good communicator.
　「コミュニケーションの上手な人になるのには自信が重要だ」
③ It is important to make our intentions clear to our friends.
　「友人に対して自分の意図を明確にすることが重要だ」
④ The support that teammates provide one another is helpful.
　「チームメートがお互いに与える援助は役に立つ」
⑤ We can apply what we learn from one thing to another.
　「私たちは一つのことから学んだことを別のことに適用することができる」

〔2023 年度本試験　第 5 問　問 5 より〕

　こうした問題では，本文ではっきりと示されていない情報を本文から推測して解答しなくてはならず，消去法を併用して，本文の内容と矛盾する選択肢や本文とまったく無関係の選択肢を消しながら，正解の選択肢がなぜ正解と推測できたのかを自分の言葉で説明できるように練習する必要があります。

　また，推測するためには，第 1 章で述べたような基本的な英語力（語彙力，文法的に正しく英文を読む力）や第 2 章で述べたような「つながり」を把握する能力も求められます。そうした力を十分に養うことを心がけましょう。

■ 事実と意見を区別する

　さらに，共通テストでは，「事実（fact）と意見（opinion）を区別する」ことが求められる問題が出題されています。では，「事実」と「意見」はどう異なるのでしょうか。大きく分けて以下のように区別できます。

事実（fact）	客観的	誰が見ても同じイメージが浮かぶ
意見（opinion）	主観的	人により浮かぶイメージが異なる

　たとえば，a big dog「大きな犬」と言われた場合，どのくらいの大きさなのかは**人により想定するイメージが異なる**はずです。その意味で，big という言葉は主観的だと言えます。しかし，a black cat「黒猫」と言われた場合，**たいてい同じイメージを思い浮かべられる**はずです（黒さの程度に差はあるかもしれませんが）。

　主観的な意見を表す語句には形容詞や副詞が多いのですが，名詞や動詞，助動詞を用いて主観的な意見を表すこともあります。なお，一つの目安としては，**主観的な形容詞や副詞の場合は very をつけることができる**，と言うことができます。たとえば a very big dog「とても大きな犬」とは言えますが，a very black cat「とても黒い猫」……？　とは普通は言いません。

　では，以下の英文の中で**主観的な表現**にあたる言葉はどれでしょうか。

---

① I attended a workshop and a cultural experience, which were fun. In the workshop, I learnt how to make *onigiri*. Although the shape of the one I made was a little odd, it tasted good. The *nagashi-somen* experience was really interesting! It involved trying to catch cooked noodles with chopsticks as they slid down a bamboo water slide. It was very difficult to catch them.

〔2022 年度本試験　第3問Aより〕

② Going through all the steps to adjust the brightness of my computer screen is a real nuisance.

〔2010 年度本試験　第2問Aより〕

③ I can't easily imagine such drama in my daily life.

〔2011 年度本試験　第3問Bより〕

④ I hate going out with my little brother.

〔2011 年度本試験　第5問より・一部改変〕

◆ 解答

① **fun / odd / good / interesting / difficult**

訳　私はワークショップと文化体験に参加しました。それは面白かったです。ワークショップで私が学んだのはおにぎりの作り方でした。私が作ったおにぎりのかたちはちょっと変だったけれど，味はおいしかったです。流しそうめん体験は本当に興味深いものでした！　そこでは，調理された麺が竹のウォータースライドを滑り落ちるときに箸でつかもうとすることが含まれていました。麺を捕まえるのは非常に難しかったです。

▶fun は「面白いもの」という意味の名詞，odd は「奇妙な」という意味の形容詞，good は「良い」という意味の形容詞，interesting は「興味深い，面白い」という意味の形容詞，difficult は「難しい」という意味の形容詞です。

② （a real）nuisance

訳　コンピュータの画面の明るさを調整するのにすべての手順を踏まないといけないのは本当に面倒だ。

▶nuisance は「厄介なこと，面倒なこと」という意味の名詞です。

③　easily

訳　日常生活ではそんなドラマは容易に想像できません。

▶easily は「容易に，簡単に」という意味の副詞です。

④　hate

訳　私は弟と外出するのが大嫌いです。

▶hate は「～を憎む，～が大嫌いである」という意味の動詞です。「好き嫌い」はその人の気持ちを表した主観的な表現と言えます。なお，my little brother の little は，ここでは「小さい」という意味ではなく，「（自分よりも）幼い」という意味で用いられており，little brother で「弟」になるため，主観的な意見を表しているわけではありません。

　　ただし，実際の問題を解く際には，このような主観／客観を表す表現を覚えていればそれで済む，というものではなく，その都度判断することが求められます。たとえば，上の④では，「弟と外出すること」に対する「私」の意見を述べていますが，「私が弟と外出することを嫌っている」ことそのものは，「事実」として受けとめることができます。

　　では，実際に，例題を解いてみましょう。

例題

You are a member of the cooking club at school, and you want to make something different. On a website, you found a recipe for a dish that looks good.

EASY OVEN RECIPES

Here is one of the top 10 oven-baked dishes as rated on our website. You will find this dish healthy and satisfying.

<u>Meat and Potato Pie</u>

Ingredients (serves about 4)

A	1 onion	2 carrots	500g minced beef
	× 2 flour	✍ × 1 tomato paste	✍ × 1 Worcestershire sauce
	× 1 vegetable oil	🥛 × 2 soup stock	salt & pepper
B	3 boiled potatoes	40g butter	
C	sliced cheese		

Instructions

Step 1: Make **A**

1. Cut the vegetables into small pieces, heat the oil, and cook for 5 minutes.
2. Add the meat and cook until it changes color.
3. Add the flour and stir for 2 minutes.
4. Add the soup stock, Worcestershire sauce, and tomato paste. Cook for about 30 minutes.
5. Season with salt and pepper.

Step 2: Make **B**

1. Meanwhile, cut the potatoes into thin slices.
2. Heat the pan and melt the butter. Add the potatoes and cook for 3 minutes.

Step 3: Put **A**, **B**, and **C** together, and bake

1. Heat the oven to 200℃.
2. Put **A** into a baking dish, cover it with **B**, and top with **C**.
3. Bake for 10 minutes. Serve hot.

Enjoy!

REVIEW & COMMENTS

cooking@master *January 15, 2018 at 15:14*
This is really delicious! Perfect on a snowy day.

Seaside Kitchen *February 3, 2018 at 10:03*
My children love this dish. It's not at all difficult to make, and I have made it so many times for my kids.

問1　According to the website, one **fact** (not an opinion) about this recipe is that it is ⬚.
① highly ranked on the website
② made for vegetarians
③ perfect for taking to parties
④ very delicious

問2　According to the website, one **opinion** (not a fact) about this recipe is that ⬚.
① a parent made this dish many times
② it is easy to cook
③ it is fun to cook with friends
④ the recipe was created by a famous cook

〔第2回プレテスト　第2問Aより〕

◆◆ 解答

問1　正解：①
　このウェブサイトによると，このレシピについての一つの**事実**（意見ではない）は，それが⬚ということである。

▶① このウェブサイト上で非常に高いランクに位置している
→レシピ冒頭に Here is one of the top 10 oven-baked dishes as rated on our website.「これは私たちのウェブサイト上で評価されたトップ10のオーブン料理の一つです」とあることから，「事実」と判断できる。
▶② ベジタリアン向けに作られている
→材料に minced beef「牛ひき肉」とあるので誤り。
▶③ パーティーに持って行くのにうってつけである
→このような記述はない。
▶④ とてもおいしい
→REVIEW & COMMENTS に cooking@master の投稿として This is really delicious!「これは本当においしい！」とあるが，これは主観的評価に基づく「意見」である。

> 問2　正解：②
> 　このウェブサイトによると，このレシピについての一つの**意見**（事実ではない）
> は□□□ということである。

▶① ある親はこの料理を何度も作った
　→REVIEW & COMMENTS の Seaside Kitchen による投稿に It's not at all difficult to make, and I have made it so many times for my kids.「作るのはまったく難しくなくて，私は子どもたちのために何度も作りました」とあるが，この親が「何度も作った」と述べていることから，これは「事実」だと判断できる。

▶② 調理しやすい
　→「調理しやすい」のは主観的判断に基づく意見であり，REVIEW & COMMENTS の Seaside Kitchen による投稿に It's not at all difficult to make, and I have made it so many times for my kids.「作るのはまったく難しくなくて，私は子どもたちのために何度も作りました」とあるので，これが正解。

▶③ 友達と一緒に料理するのは楽しい
　→「楽しい」というのは主観的判断に基づく「意見」だが，このような記述はないため誤り。

▶④ このレシピは有名なシェフによって作られた
　→このような記述はないため誤り。

訳 《ミートポテトパイのレシピ》

　あなたは学校で料理部の部員であり，何か違うものを作りたいと思っています。ウェブサイトで，あなたはよさそうな料理のレシピを見つけました。

簡単なオーブンレシピ

ここに，私たちのウェブサイトで上位 10 品に評価されたオーブンで焼く料理の一つがあります。あなたはこの料理を健康的で満足のいくものだと思うでしょう。

ミートポテトパイ

材料（4 人分）

A 玉ねぎ 1 個	にんじん 2 本	牛ひき肉 500 グラム
小麦粉🥄2 杯	トマトペースト🥄1 杯	ウスターソース🥄1 杯
植物油🥄1 杯	出し汁🥛2 杯	塩・胡椒

B ゆでたじゃがいも 3 個	バター 40 グラム

C スライスチーズ

作り方

ステップ 1 ：**A** を作る

1．野菜をみじん切りにして，油を熱して，5 分間火を通す。
2．肉を加えて色が変わるまで炒める。
3．小麦粉を入れて 2 分間かき混ぜる。
4．出し汁，ウスターソース，そしてトマトペーストを加える。30 分ほど煮詰める。
5．塩・胡椒で味付けをする。

ステップ 2 ：**B** を作る

1．その間（**A** を作る間）に，じゃがいもを薄くスライスする。
2．フライパンを熱してバターを溶かす。じゃがいもを加えて 3 分間炒める。

ステップ 3 ：**A**，**B** そして **C** を合わせて，オーブンで焼く

1．オーブンを 200 度に温める。
2．耐熱皿に **A** を入れて，**B** を上にのせて，**C** をその上にかける。
3．10 分間オーブンで焼く。熱いうちに召し上がってください。

召し上がれ！

レビューとコメント

 cooking@master さん　2018 年 1 月 15 日 15 時 14 分
これは本当においしいです！　雪の降る日には完璧です。

 Seaside Kitchen さん　2018 年 2 月 3 日 10 時 03 分
うちの子どもたちはこの料理が大好きです。作るのはまったく難しくないし，
私は子どもたちのために何度も作りました。

 # 第 3 章の学習チェックポイント

以下のことに注意しながら，第 3 章の問題を解いてみましょう。

☐ 推測が求められる問題で根拠を持って解答できるか？

☐ 推測するために必要な知識は十分に持っているか？

☐ 事実と意見の違いを説明できるか？

M E M O

演習問題

23 次の文章を読み，下の問いの[　　]に入れるのに最も適当なものを，下の①〜④のうちから一つ選べ。

In recent years, opera has been facing serious challenges. The causes of some of these are beyond its control. One current challenge to opera is economic. The current world economic slowdown has meant that less money is available for cultural institutions and artists. This shortage of money raises the broader question of how much should be paid to support opera singers and other artists. Society seems to accept the large salaries paid to business managers and the multi-million-dollar contracts given to sports athletes. But what about opera singers? Somehow, people have the idea that artists can be creative only if they suffer in poverty, but this is unrealistic: If artists, including opera singers, lack the support they need, valuable talent is wasted.

問　In this paragraph, what is another way of asking the question "But what about opera singers?"　[　　]

① How do opera singers prepare?
② How should we use opera singers?
③ What are opera singers worth?
④ What sums do opera singers pay?

〔2016年度本試験　第6問より抜粋〕

24 次の文章は，Anna の父親が担任の岡本先生に宛てて送ったメールの一部である。これを読み，下の問いの　　　に入れるのに最も適当なものを，下の①〜④のうちから一つ選べ。

Dear Mr. Okamoto,

My name is Jeff Whitmore, and my daughter, Anna, is one of your students. As you know, we just moved back to Japan six months ago after living in Chicago for three years. Although she had attended schools in Japan before we went to Chicago, it's Anna's first year at a Japanese junior high school. My wife and I are a little worried about her, and we're hoping that it would be okay to ask you for advice.

She's getting good grades and likes her classes and teachers. In particular, she has a penchant for numbers and loves her math class. She often talks about your fun English class, too. However, after almost half a year, it doesn't seem like she's made any friends. Last week, she said that she usually reads by herself during breaks between classes while other girls are hanging out and chatting. Anna also mentioned that she walks to school alone every day. This is very different from how she was in the US.

問　What was Anna probably like at her school in Chicago?　　　

① She liked to be alone in the classroom.
② She showed off her Japanese ability.
③ She spent a lot of time with friends.
④ She was jealous of the other students.

〔2015 年度本試験　第5問より抜粋〕

25 次の文章を読み，下の問いの□□□に入れるのに最も適当なものを，下の①
〜④のうちから一つ選べ。

　If bilingual dictionaries are so useful, why did my aunt give me a monolingual dictionary? As I found out, there is, in fact, often no perfect equivalence between words in one language and those in another. My aunt even goes so far as to claim that a Japanese "equivalent" can never give you the real meaning of a word in English! Therefore she insisted that I read the definition of a word in a monolingual dictionary when I wanted to obtain a better understanding of its meaning. Gradually, I have come to see what she meant.

問　Which of the following examples best fits the aunt's view that "a Japanese 'equivalent' can never give you the real meaning of a word in English"? □□□

① A clear stress falls on the first part of the word "water," which is not always the case with "*mizu.*"
② The letter "t" in "water" can be pronounced as t or d, but the "z" in "*mizu*" is almost always pronounced as z.
③ Unlike "water," "*mizu*" can be written using different writing systems such as *katakana*, *hiragana* and Chinese characters.
④ "Water" is not the same as "*mizu*" because the former can refer to hot or cold water, unlike the latter.

〔2009 年度本試験　第 6 問より抜粋〕

26 Your dormitory roommate Julie has sent a text message to your mobile phone with a request.

> Help!!!
> Last night I saved my history homework on a USB memory stick. I was going to print it in the university library this afternoon, but I forgot to bring the USB with me. I need to give a copy to my teacher by 4 p.m. today. Can you bring my USB to the library? I think it's on top of my history book on my desk. I don't need the book, just the USB. ♡

> Sorry Julie, I couldn't find it. The history book was there, but there was no USB memory stick. I looked for it everywhere, even under your desk. Are you sure you don't have it with you? I'll bring your laptop computer with me, just in case.

> You were right! I did have it. It was at the bottom of my bag. What a relief!
> Thanks anyway. ☺

問1　What was Julie's request?

① To bring her USB memory stick
② To hand in her history homework
③ To lend her a USB memory stick
④ To print out her history homework

問2　How will you reply to Julie's second text message?

① Don't worry. You'll find it.
② I'm really glad to hear that.
③ Look in your bag again.
④ You must be disappointed.

〔2021 年度本試験（第 1 日程）　第 1 問 A〕

27 You have invited your friend Shelley to join you on your family's overnight camping trip. She has sent a text message to your mobile phone asking some questions.

> Hi! I'm packing my bag for tomorrow and I want to check some things. Will it get cold in the tent at night? Do I need to bring a blanket? I know you told me last week, but just to be sure, where and what time are we meeting?

> Shelley, I'll bring warm sleeping bags for everyone, but maybe you should bring your down jacket. Bring comfortable footwear because we'll walk up Mt. Kanayama the next day. We'll pick you up outside your house at 6 a.m. If you're not outside, I'll call you. See you in the morning!

> Thanks! I can't wait! I'll bring my jacket and hiking boots with me. I'll be ready! ☺

問1　Shelley asks you if she needs to bring _____.

① a blanket
② a jacket
③ sleeping bags
④ walking shoes

問2　You expect Shelley to _____ tomorrow morning.

① call you as soon as she is ready
② come to see you at the campsite
③ pick you up in front of your house
④ wait for you outside her house

〔2021 年度本試験（第 2 日程）　第 1 問 A〕

28 You are studying at a senior high school in Alberta, Canada. Your classmate Bob is sending you messages about the after-school activities for this term.

> Hey! How are you doing?

> Hi Bob. I'm great!

> Did you hear about this? We've got to choose our after-school activities for this term.

> Yes! I'm going to join the volunteer program and tutor at an elementary school.

> What are you going to tutor?

> They need tutors for different grades and subjects. I want to help elementary school kids learn Japanese. How about you? Are you going to sign up for this program?

> Yes, I'm really interested in the volunteer program, too.

> You are good at geography and history. Why don't you tutor the first-year senior high school students?

> I don't want to tutor at a senior high school. I was thinking of volunteering at an elementary school or a kindergarten, but not many students have volunteered at junior high schools. So, I think I'll tutor there.

> Really? Tutoring at a junior high school sounds difficult. What would you want to teach there?

> When I was in junior high school, math was really hard for me. I'd like to tutor math because I think it's difficult for students.

第3章

問1　Where does Bob plan to help as a volunteer?

① At a junior high school
② At a kindergarten
③ At a senior high school
④ At an elementary school

問2　What is the most appropriate response to Bob's last message?

① My favorite subject was math, too.
② We will tutor at the same school then.
③ Wow, that's a great idea!
④ Wow, you really love Japanese!

〔2022 年度追試験　第 1 問 A〕

29 As the student in charge of a UK school festival band competition, you are examining all of the scores and the comments from three judges to understand and explain the rankings.

Judges' final average scores				
Qualities／Band names	Performance (5.0)	Singing (5.0)	Song originality (5.0)	Total (15.0)
Green Forest	3.9	4.6	5.0	13.5
Silent Hill	4.9	4.4	4.2	13.5
Mountain Pear	3.9	4.9	4.7	13.5
Thousand Ants	(did not perform)			

Judges' individual comments	
Mr Hobbs	Silent Hill are great performers and they really seemed connected with the audience. Mountain Pear's singing was great. I loved Green Forest's original song. It was amazing!
Ms Leigh	Silent Hill gave a great performance. It was incredible how the audience responded to their music. I really think that Silent Hill will become popular! Mountain Pear have great voices, but they were not exciting on stage. Green Forest performed a fantastic new song, but I think they need to practice more.
Ms Wells	Green Forest have a new song. I loved it! I think it could be a big hit!

第3章

Judges' shared evaluation (summarised by Mr Hobbs)

Each band's total score is the same, but each band is very different. Ms Leigh and I agreed that performance is the most important quality for a band. Ms Wells also agreed. Therefore, first place is easily determined.

To decide between second and third places, Ms Wells suggested that song originality should be more important than good singing. Ms Leigh and I agreed on this opinion.

問1　Based on the judges' final average scores, which band sang the best?

① Green Forest
② Mountain Pear
③ Silent Hill
④ Thousand Ants

問2　Which judge gave both positive and critical comments?

① Mr Hobbs
② Ms Leigh
③ Ms Wells
④ None of them

問3　One <u>fact</u> from the judges' individual comments is that ☐.

① all the judges praised Green Forest's song
② Green Forest need to practice more
③ Mountain Pear can sing very well
④ Silent Hill have a promising future

問4　One **opinion** from the judges' comments and shared evaluation is that
　　　 ◻ .

　　① each evaluated band received the same total score
　　② Ms Wells' suggestion about originality was agreed on
　　③ Silent Hill really connected with the audience
　　④ the judges' comments determined the rankings

問5　Which of the following is the final ranking based on the judges' shared
　　　evaluation?

	1st	2nd	3rd
①	Green Forest	Mountain Pear	Silent Hill
②	Green Forest	Silent Hill	Mountain Pear
③	Mountain Pear	Green Forest	Silent Hill
④	Mountain Pear	Silent Hill	Green Forest
⑤	Silent Hill	Green Forest	Mountain Pear
⑥	Silent Hill	Mountain Pear	Green Forest

〔2021 年度本試験（第 1 日程）　第 2 問 A〕

第3章

☐
☐ **30** You are reading the results of a survey about single-use and reusable bottles that your classmates answered as part of an environmental campaign in the UK.

Question 1: How many single-use bottled drinks do you purchase per week?

Number of bottles	Number of students	Weekly subtotal
0	2	0
1	2	2
2	2	4
3	3	9
4	4	16
5	9	45
6	0	0
7	7	49
Total	29	125

Question 2: Do you have your own reusable bottle?

Summary of responses	Number of students	Percent of students
Yes, I do.	3	10.3
Yes, but I don't use it.	14	48.3
No, I don't.	12	41.4
Total	29	100.0

Question 3: If you don't use a reusable bottle, what are your reasons?

Summary of responses	Number of students
It takes too much time to wash reusable bottles.	24
I think single-use bottles are more convenient.	17
Many flavoured drinks are available in single-use bottles.	14
Buying a single-use bottle doesn't cost much.	10
I can buy drinks from vending machines at school.	7
I feel reusable bottles are too heavy.	4
My home has dozens of single-use bottles.	3
Single-use bottled water can be stored unopened for a long time.	2
(Other reasons)	4

問1　The results of Question 1 show that ☐ .

① each student buys fewer than four single-use bottles a week on average

② many students buy fewer than two bottles a week

③ more than half the students buy at least five bottles a week

④ the students buy more than 125 bottles a week

問2　The results of Question 2 show that more than half the students ☐ .

① don't have their own reusable bottle

② have their own reusable bottle

③ have their own reusable bottle but don't use it

④ use their own reusable bottle

問3　One **opinion** expressed by your classmates in Question 3 is that ☐ .

① some students have a stock of single-use bottles at home

② there are vending machines for buying drinks at school

③ washing reusable bottles takes a lot of time

④ water in unopened single-use bottles lasts a long time

問4　One **fact** stated by your classmates in Question 3 is that single-use bottles are ☐ .

① available to buy at school

② convenient to use

③ light enough to carry around

④ not too expensive to buy

第3章

問5　What is the most likely reason why your classmates do not use reusable bottles?

① There are many single-use bottled drinks stored at home.
② There is less variety of drinks available.
③ They are expensive for your classmates.
④ They are troublesome to deal with.

〔2021 年度本試験（第 2 日程）　第 2 問 A〕

31 You need to decide what classes to take in a summer programme in the UK, so you are reading course information and a former student's comment about the course.

COMMUNICATION AND INTERCULTURAL STUDIES

Dr Christopher Bennet   3-31 August 2021

bennet.christopher@ire-u.ac.uk   Tuesday & Friday

Call: 020-9876-1234   1.00 pm－2.30 pm

Office Hours: by appointment only   9 classes－1 credit

Course description: We will be studying different cultures and learning how to communicate with people from different cultures. In this course, students will need to present their ideas for dealing with intercultural issues.

Goals: After this course you should be able to:
－understand human relations among different cultures
－present solutions for different intercultural problems
－express your opinions through discussion and presentations

Textbook: Smith, S. (2019). *Intercultural studies*. New York: DNC Inc.

Evaluation: 60% overall required to pass
－two presentations: 90% (45% each)
－participation: 10%

第3章

Course-takers' evaluations (87 reviewers)   ★★★★☆ (Average: 4.89)

Comment

☺ Take this class! Chris is a great teacher. He is very smart and kind. The course is a little challenging but easy enough to pass. You will learn a lot about differences in culture. My advice would be to participate in every class. It really helped me make good presentations.

問1　What will you do in this course?

① Discuss various topics about culture
② Visit many different countries
③ Watch a film about human relations
④ Write a final report about culture

問2　This class is aimed at students who ☐ .

① are interested in intercultural issues
② can give good presentations
③ like sightseeing in the UK
④ need to learn to speak English

問3　One **fact** about Dr Bennet is that ☐ .

① he has good teaching skills
② he is a nice instructor
③ he is in charge of this course
④ he makes the course challenging

問4　One **opinion** expressed about the class is that ⬚ .

① it is not so difficult to get a credit

② most students are satisfied with the course

③ participation is part of the final grade

④ students have classes twice a week

問5　What do you have to do to pass this course?

① Come to every class and join the discussions

② Find an intercultural issue and discuss a solution

③ Give good presentations about intercultural issues

④ Make an office appointment with Dr Bennet

〔2021 年度本試験（第 2 日程）　第 2 問 B〕

第3章

解答解説

23　正解は③

> 訳　《オペラの課題》
>
> 　近年，オペラは深刻な課題に直面している。こうした課題のいくつかについての原因は，どうにもならないものである。オペラにとっての現在の課題の一つは経済的なものである。現在の世界経済の景気後退は，文化機関や芸術家に使えるお金が少ないということを意味する。こうした資金不足は，オペラ歌手やその他の芸術家を支えるのにどれだけの金額を払うべきなのかという，より大きな問題を提起する。社会は，企業経営者に支払われる莫大な給料や，スポーツ選手に与えられる何百万ドルもの契約は認めるようだ。しかし，オペラ歌手についてはどうだろうか？　どういうわけか，人々は，芸術家は貧しさの中で苦しんでこそ創造的になれるという考えを抱いているのだが，これは非現実的である。もしオペラ歌手も含めて芸術家が必要な支援を欠いていれば，価値ある才能は無駄になってしまう。

語句・構文　▶ beyond *one's* control「〜にはどうにもできない」

問　「この段落の『しかしオペラ歌手についてはどうだろうか？』という問いを言い換えるものはどれか」

　この段落では，オペラが直面する経済的な問題を述べており，下線部の直前では「企業経営者やスポーツ選手には高額の給料や契約金が支払われるのを社会は容認するようだ」とある。これを受けて「オペラ歌手についてはどうだろうか」と言っているので，「オペラ歌手には高額の報酬を払えるかどうか，オペラ歌手にはどれほどのお金を払う価値があるのか」と問うていることになる。③「**オペラ歌手はどれほどの価値があるか**」が正解。

① 「オペラ歌手はどのように準備をするか」

② 「私たちはどのようにオペラ歌手を使うべきか」

④ 「どれだけの額をオペラ歌手は払うか」

● 対比 表現に注目して内容を推測する

企業経営者・スポーツ選手	But	オペラ歌手
↓	⟺	↓
莫大な給料・多額の契約	対比	〔 ? 〕

POINT

24　正解は③

> 訳　《帰国後の悩み》
>
> 岡本先生へ
>
> [第1段]　私はジェフ=ホイットモアと申します。娘のアンナは先生の生徒の一人です。ご存知のように，私どもはシカゴで3年間暮らし，6カ月前に日本に戻って来たばかりです。娘はシカゴに行く前に日本の学校に通っておりましたが，今年はアンナにとって日本の中学校での初めての年になります。妻と私は娘のことが少々心配で，先生に助言をお願いできればと思っております。
>
> [第2段]　娘はだんだんと成績もよくなってきており，授業も先生方も好きです。特に数字には強い好みがあり，数学の授業が大好きです。先生の面白い英語の授業のこともよく話してくれます。ですが，ほぼ半年たっても友達ができた様子がありません。先週，娘は授業の合間の休憩時間に，他の女の子たちがうろついておしゃべりしている中で，たいてい一人で本を読んでいると言っていました。アンナは，毎日一人で学校に歩いて行っているということにも触れました。これはアメリカにいたときの様子とずいぶん違います。

第3章

──語句・構文──

[第2段]　▶ get good grades「成績がよい」　　▶ by *oneself*「一人で」（= alone）
　　　　　▶ hang out「ぶらぶらして時を過ごす，うろつく」

問　「シカゴの学校ではアンナはおそらくどのような様子だったか」

　第2段第5・6文（Last week, she … alone every day.）で，休憩時間に一人で本を読んだり，学校に一人で行ったりするアンナの様子が述べられており，同段最終文（This is very …）には「これはアメリカにいたときの様子とずいぶん違う」とある。③「彼女は友達と一緒に多くの時間を過ごした」が正解。

① 「彼女は教室に一人でいるのが好きだった」

② 「彼女は自分の日本語の能力をひけらかした」

④ 「彼女は他の生徒たちをねたましく思っていた」

● 内容を推測する

　設問中の probably「おそらく」から，解答の根拠が本文で直接的に述べられてはおらず，本文の内容をもとに推測することが求められていると判断する。

日本での様子［第2段］　⟺　シカゴでの様子
　↓　　　　　　　　　　　　　　　　↓
・休み時間は一人で読書　対比的な内容　[　？　]
・一人で登校

POINT

25 正解は④

> 訳 《一言語辞書の長所》
>
> 　二言語辞書がこのように役に立つものなら，なぜおばは僕に一言語辞書をくれたのだろう。僕は気づいたのだが，実際，ある言語の中の単語と，他の言語の単語の間に，完全なイコール関係が成り立つことなどないことが多いのだ。おばは，日本語の「相当語」では英語の単語の本当の意味などまったく伝えられないとさえ言う！　それで，おばは，ある語の意味をよりよく理解したければ，一言語辞書でその語の定義を読むようにしなさいと言ったのである。僕は，おばの言いたかったことがだんだんわかってきている。

語句・構文　▶ go so far as to ～「～しさえする」

問　「『日本語の‘相当語’はある英単語の本当の意味を決して教えてくれない』というおばの見解に最もよく合う例は以下のどれか」
　①「『water』という語のアクセントは最初の部分にあるが，『水』では必ずしもそうではない」　単語の意味ではなく，アクセントの違いなので不適。
　②「『water』の中の『t』は t とも d とも発音されることがあるが，『水』の『ず』はほとんどいつも『ず』と発音される」　意味ではなく，発音の違いなので不適。
　③「『water』と違って『水』はカタカナ，ひらがな，漢字といった異なる表記法を使って書ける」　意味ではなく，表記法の違いなので不適。
　④「『water』が『水』と同じではないのは，前者が後者と違い，温かいものも冷たいものも表しうるからである」　「water」と「水」が表すもの，つまり意味の違いを述べており，適切。

> ● 本文の内容をもとに具体例を推測する
> 　選択肢の water という具体例については本文で直接言及がないので，本文の内容を前提として，それに該当する具体例を推測する必要がある。POINT

26　問1　正解は①　　問2　正解は②

訳　《忘れもの》

あなたの寮のルームメートのジュリーが，あなたの携帯電話に依頼のメッセージを送ってきた。

> 助けて！！！
> 昨日の晩，歴史の宿題をUSBメモリに保存したの。今日の午後，大学の図書館で印刷するつもりだったんだけど，USBを持ってくるのを忘れちゃった。今日の午後4時までに先生にコピーを提出する必要があるの。私のUSBを図書館まで持ってきてくれる？　机の上の歴史の本の上にあると思うわ。本はいりません。USBだけね。♡

> ごめん，ジュリー，見つからなかったわ。歴史の本はあったんだけれど，USBはなかった。机の下まで全部捜したのよ。手元にないのはまちがいない？　念のために，あなたのラップトップを持っていくわね。

> あなたの言うとおりだったわ！　持ってた。カバンの底にありました。ほっとしたわ！
> ともかく，ありがとう。☺

語句・構文

▶ bring *A* with *B*（人）「*A* を *B*（人）が携えていく」　with＋人は「手元にある」ことを明示するもの。have it with you も同様。

▶ a copy「写し，コピー」　同時に「（印刷したものの）1部」の意でもある。

▶ just in case「念のため」

問1　正解は①

「ジュリーの依頼は何だったか」

ジュリーの最初のメッセージ第5文（Can you bring …）に「私のUSBを図書館まで持ってきてくれる？」とある。①「彼女のUSBを持ってくること」が正解。

②「彼女の歴史の宿題を提出すること」

③「彼女にUSBを貸すこと」

④「彼女の歴史の宿題を印刷すること」

問2　正解は②

「ジュリーの2番目のメッセージにどのように返事をするか」

「あなた」のメッセージ第1文（Sorry Julie, …）に，頼まれたUSBが見つからなかったことが述べられている。しかし，ジュリーの2番目のメッセージ第2文（I did have it.）で，ジュリーが持っていることがわかった。問題は解決したので，②「それを聞いて本当によかった」が適切。

①「心配しないで。見つかるわ」

③「もう一回カバンの中を見て」

④「がっかりしているに違いないわ」

　問2では会話の末尾に続く内容を推測することが求められている。この形式の問題は過去にセンター試験の会話文問題やリスニングでも出題されていた。会話の流れ（本問の場合，相手のトラブルが解決した後という点）に気をつけて自然な応答を考える。

POINT

27　問1　正解は①　　問2　正解は④

訳 《キャンプの持ち物》

　あなたは友人のシェリーを，あなたの家族の一泊キャンプ旅行に参加するよう誘いました。彼女はメッセージをあなたの携帯電話に送信し，いくつかの質問をしています。

> こんにちは！　明日のために荷物をまとめているんだけど，いくつか確認したいの。夜のテントの中は冷えるかな？　ブランケットを持って行く必要があるかな？　先週教えてもらったのは覚えているけど，ちょっと確認しておきたいことがあるの。何時にどこで会うんだったかな？

> シェリー，私がみんなに暖かい寝袋を持って行くんだけど，あなたはダウンジャケットを持って来たほうがいいかもしれないわ。次の日には金山に登るから，歩きやすい靴を持って来てね。朝6時にあなたの家の外まで迎えに行くわ。外にいなかったら電話するね。明日の朝に会いましょう！

> ありがとう！　もう待ちきれない！　ジャケットとハイキングブーツを持って行くわ。準備するね！☺

第3章

語句・構文

▶ overnight「一晩の」
▶ text message「携帯メール，文字のメッセージ」
▶ pack「～に荷物を入れる」
▶ footwear「(靴や靴下などの) 履き物類」
▶ pick A up「A (人) を (車で) 迎えに行く」

問1　正解は①

「シェリーはあなたに，□□□□を持って行く必要があるかどうか尋ねている」

シェリーの最初のメッセージの第4文（Do I need…）で「ブランケットを持って行く必要があるかな？」と尋ねているので，①**「ブランケット」**が正解。

② 「ジャケット」

③ 「寝袋」

④ 「ウォーキングシューズ」

問2　正解は④

「あなたはシェリーが明日の朝に□□□□だろうと予期している」

「あなた」の返答の第3文（We'll pick you…）に「朝6時にあなた（返信先のシェリー）の家の外まで迎えに行くわ」とあるので，このメッセージを見たシェリーは，明日の朝，シェリー自身の家の前で待っていると予測される。正解は④**「彼女の家の外であなたを待っている」**。

① 「彼女が準備できるとすぐにあなたに電話する」

② 「キャンプ場であなたに会いに来る」

③ 「あなたの家の前まであなたを車で迎えに来る」

28 問1　正解は①　　問2　正解は③

訳　《放課後の活動の選択》
　あなたはカナダのアルバータにある高校で勉強している。クラスメートのボブが今学期の放課後の活動に関するメッセージを送ってきている。

> やあ！　元気？

> ああ，ボブ。元気だよ！

> これ，聞いた？　今学期の放課後の活動を選ばなくちゃいけないんだって。

> 聞いたよ！　ボランティアプログラムに参加して，小学校で教えるつもり。

> 何を教えるの？

> 個人指導が必要な学年や科目はいろいろあるよ。僕は小学生の子どもたちが日本語の勉強をする手伝いをしたいんだ。君は？　このプログラムに申し込むの？

> うん，僕もボランティアプログラムにとても興味があるんだ。

> 君は地理と歴史が得意だよね。高校1年生に教えるのはどう？

> 高校で教えたくはないな。小学校か幼稚園でボランティアしようかなと思っていたんだけど，中学校でボランティアしたことのある生徒は多くないんだよね。だから中学校で教えようかと思ってる。

> 本当に？　中学校で教えるのは難しそうだなあ。中学校で何を教えたいの？

> 中学校のとき，僕には数学が本当に難しかったんだ。数学は生徒たちにとって難しいと思うから，数学を教えたいな。

> わあ，それは良い考えだね！

語句・構文

▶ tutor「（個人指導で）教える」
▶ sign up for ～「～への参加登録をする」

問1　正解は①

「ボブはボランティアとしてどこで手助けする計画か」

ボブの5番目のメッセージ第2・3文（I was thinking … I'll tutor there.）に「中学校でボランティアしたことのある生徒は多くない…から中学校で教えようかと思っている」とある。①「中学校で」が正解。

②「幼稚園で」

③「高校で」

④「小学校で」

問2　正解は③

「ボブの最後のメッセージに対する最も適切な返事は何か」

ボブの最後のメッセージでは，自分が中学校のときに数学を難しいと思っていたという理由で，中学生に数学を教えるボランティアをしたいと述べられている。これと話がつながるのは③「わあ，それは良い考えだね！」のみ。

①「僕の大好きな科目も数学だったよ」

②「じゃあ，僕たちは同じ学校で教えることになるね」

④「わあ，君は本当に日本語が好きなんだね！」

29	問1	正解は②	問2	正解は②	問3	正解は①	
	問4	正解は③	問5	正解は⑤			

訳　《学園祭バンドコンクールの審査》

　ある英国の学園祭バンドコンクールを運営する学生として，あなたはランク付けを理解し説明するために，3人の審査員のつけた点数とコメントをすべて検討しているところである。

審査員たちの最終的な平均スコア

クオリティー／バンド名	演奏 (5.0点)	歌唱 (5.0点)	曲の独創性 (5.0点)	合計 (15.0点)
グリーンフォレスト	3.9	4.6	5.0	13.5
サイレントヒル	4.9	4.4	4.2	13.5
マウンテンペア	3.9	4.9	4.7	13.5
サウザンドアンツ	（演奏せず）			

審査員たちの個別のコメント

ホッブズさん	サイレントヒルは優れた演奏者たちで，本当に聴衆とつながっているように思えました。マウンテンペアの歌唱はとてもよかったです。グリーンフォレストのオリジナルの曲はとても気に入りました。素晴らしかったです！
リーさん	サイレントヒルは素晴らしい演奏をしました。聴衆が彼らの音楽に応える様子は驚くべきものでした。サイレントヒルは今後人気が出るだろうと本当に思います！　マウンテンペアは声がよかったですが，ステージ上では刺激的ではありませんでした。グリーンフォレストは素晴らしい新曲を演奏しましたが，もっと練習が必要だと思います。
ウェルズさん	グリーンフォレストには新曲があります。とても気に入りました！　大ヒットする可能性があると思います！

第3章

審査員たちの共有された評価（ホッブズさんによって要約されたもの）

　それぞれのバンドの合計点は同じですが，各々は非常に異なっています。リーさんと私は，バンドにとっては演奏が最も重要なクオリティーだということで意見が一致しました。ウェルズさんも賛成でした。したがって，1位は簡単に決まります。

　2位と3位を決めるために，ウェルズさんは曲の独創性が歌唱のうまさよりも重要ではないかと提案しました。リーさんと私はこの意見に同意しました。

語句・構文

▶ incredible「信じられない（ほど素晴らしい）」
▶ first place「1位」（the がつかないことがよくある）

問1　正解は②
「審査員たちの最終的な平均スコア（judges' final average scores）に基づくと，最も歌が上手だったバンドはどれか」
「審査員たちの最終的な平均スコア」の「歌唱」の欄を見ると，グリーンフォレストは4.6点，サイレントヒルは4.4点，マウンテンペアは4.9点で，サウザンドアンツは演奏をしていない。②**「マウンテンペア」**が正解。
①「グリーンフォレスト」　③「サイレントヒル」　④「サウザンドアンツ」

問2　正解は②
「肯定的なコメントも批判的なコメントもしているのはどの審査員か」
リーさんのコメントの最後の2文（Mountain Pear have … to practice more.）に「マウンテンペアは声がよかったが，ステージ上では刺激的ではなかった。グリーンフォレストは素晴らしい新曲を演奏したが，もっと練習が必要だと思う」とある。よって②**「リーさん」**が正解。
①「ホッブズさん」　③「ウェルズさん」　④「誰でもない」

問3　正解は①
「審査員たちの個別のコメントから読み取れる一つの事実は□□□ことである」
ホッブズさんのコメント第3文（I loved …）に「グリーンフォレストのオリジナルの曲はとても気に入った」，リーさんのコメント最終文（Green Forest …）に「グリーンフォレストは素晴らしい新曲を演奏した」，ウェルズさんのコメント第1・2文（Green Forest … loved it!）に「グリーンフォレストには新曲がある。とても気に入った」とある。①**「審査員全員が，グリーンフォレストの曲をほめた」**

が正解。他の選択肢は，各審査員の個人的な意見。

② 「グリーンフォレストはもっと練習する必要がある」

③ 「マウンテンペアは非常にうまく歌える」

④ 「サイレントヒルは将来有望である」

問4　正解は③

「審査員たちのコメントと共有された評価から読み取れる一つの**意見**は□□□こと
である」

ホッブズさんのコメント第1文（Silent Hill are …）に「サイレントヒルは優れた
演奏者たちで，本当に聴衆とつながっているように思えた」とある。これはホッブ
ズさん個人が受けた印象であり，③ **「サイレントヒルは聴衆と本当につながってい
た」** が正解。他の選択肢は意見とは言えない。

① 「評価を受けた個々のバンドは同じ合計点をもらった」

② 「独創性に関するウェルズさんの提案は，同意をもらった」

④ 「審査員たちのコメントが順位を決定した」

問5　正解は⑤

「審査員たちの共有された評価に基づく最終的な順位は次のどれか」

「審査員たちの共有された評価」第1段第2～最終文（Ms Leigh and I … is
easily determined.）に「リーさんと私は，バンドにとっては演奏が最も重要なク
オリティーだということで意見が一致し，ウェルズさんも賛成した」とある。平均
スコアの表で，「演奏」の得点が4.9で最も高いのはサイレントヒル。したがって
1位はサイレントヒルである。「共有された評価」第2段では「2位と3位を決め
るために，ウェルズさんは曲の独創性が歌唱のうまさよりも重要ではないかと提案
し，リーさんと私はこの意見に同意した」とある。「平均スコア」の表の「曲の独
創性」で，グリーンフォレストは5.0点，マウンテンペアは4.7点なので，2位
がグリーンフォレスト，3位がマウンテンペアとなる。⑤が正解。

	1位	2位	3位
①	「グリーンフォレスト	マウンテンペア	サイレントヒル」
②	「グリーンフォレスト	サイレントヒル	マウンテンペア」
③	「マウンテンペア	グリーンフォレスト	サイレントヒル」
④	「マウンテンペア	サイレントヒル	グリーンフォレスト」
⑤	「サイレントヒル	グリーンフォレスト	マウンテンペア」
⑥	「サイレントヒル	マウンテンペア	グリーンフォレスト」

問3と問4で「事実と意見」を区別する問題が出題されている。問3では，審査員自身の「意見」と，審査員がほめ言葉を口にしたという「事実」とを区別しなくてはならない。

たとえば誰かが「この花は美しい」と言った場合，「この花は美しい」というのはその人の「意見」だが，「その人が『この花は美しい』と言ったこと」自体は「事実」である。よって，「言った」「思う」などの特定の表現が含まれているから「意見」（または「事実」）というように安易に決めてはならず，本文の情報と常に対応させて判断しなければならない。

POINT

30 問1　正解は③　　問2　正解は②　　問3　正解は③
　　　問4　正解は①　　問5　正解は④

訳　《再利用可能ボトルの調査結果》
あなたは使い捨てボトルと再利用可能なボトルについて，英国における環境キャンペーンの一環としてクラスメートが回答した調査結果を読んでいます。

質問1：使い捨てボトル入りの飲料を週に何本購入しますか？

ボトルの数	生徒の数	週ごとの小計
0	2	0
1	2	2
2	2	4
3	3	9
4	4	16
5	9	45
6	0	0
7	7	49
合計	29	125

質問2：自分用の再利用可能なボトルを持っていますか？

回答の概要	生徒の数	生徒の割合
はい，持っています。	3	10.3
はい，でも使用していません。	14	48.3
いいえ，持っていません。	12	41.4
合計	29	100.0

質問3：再利用可能なボトルを使用していない人は，その理由は何ですか？	
回答の概要	生徒の数
再利用可能なボトルを洗うのに時間がかかりすぎる。	24
使い捨てボトルのほうが便利であると思う。	17
使い捨てボトルのほうが色々な味の飲料を購入できる。	14
使い捨てボトルを購入することはあまりお金がかからない。	10
学校の自動販売機で飲料を購入できる。	7
再利用可能なボトルは重すぎると思う。	4
家にたくさんの使い捨てボトルがある。	3
使い捨てボトル入りの水は未開封のまま長期間保存できる。	2
（その他の理由）	4

語句・構文

▶ single-use「使い捨ての」

▶ purchase「～を購入する」

▶ subtotal「小計」

▶ flavoured「味付けされた」　アメリカ英語では flavored。

▶ vending machine「自動販売機」

▶ dozens of ～「多数の～」　dozen は「12 個」。

▶ store「～を蓄える」

第3章

問1　正解は③

「質問1の結果は，　　　　　ということを示している」

選択肢を一つずつ質問1の回答と照らし合わせる。

① 「一人一人の生徒が，週に平均4本未満の使い捨てボトルを買う」　1週間の使い捨てボトル購入数は合計 125 本。これを生徒の総数 29 で割ると，一人当たりの平均購入数は約 4.31 本で，4本を上回るので不適。

以下，②～④ではボトルの種類が明記されていないが，質問1で尋ねられている使い捨てボトルを指すものとして解説する。

② 「多くの生徒は週に2本未満のボトルを買う」　1週間の購入数が0本の生徒は2人，1本は2人。よって週に2本未満の生徒は 29 人中4人しかいないので不適。

③ 「半数を超える生徒が週に少なくとも5本のボトルを買う」　1週間の購入数が5本の生徒は9人，6本は0人，7本は7人で，合計で 29 人中 16 人。半数を超えているので，これが正解。

④ 「生徒たちは週に 125 本を超えるボトルを買う」　1週間の購入数は合計 125 本であり，125 本を超えていないので不適。

問2　正解は②

「質問2の結果は，半数を超える生徒が□□□□□ということを示している」

生徒の総数は29人で，各選択肢に該当する生徒数は以下の通り。

① 「自分の再利用可能なボトルを持っていない」 No, I don't. と答えている12人。

② 「自分の再利用可能なボトルを持っている」 Yes, I do. と答えている3人と，Yes, but I don't use it. と答えている14人の合計で17人。

③ 「自分の再利用可能なボトルを持っているが，使用していない」 Yes, but I don't use it. と答えている14人。

④ 「自分の再利用可能なボトルを使用している」 Yes, but I don't use it. が「再利用可能なボトルを持っているが，使用していない」という意味であるのを考慮すると，Yes, I do. は「再利用可能なボトルを持っていて，それを使用している」という意味であると考えられる。したがって，Yes, I do. と答えている3人が該当する。

以上から，半数（15人以上）を超えているのは②なので，これが正解。

問3　正解は③

「質問3でクラスメートによって表明された一つの意見は，□□□□□ということである」

① 「家に使い捨てボトルをストックしている生徒もいる」と② 「飲料を買うための自動販売機が学校にある」は主観的な要素を含まない「事実」なので不適。③ 「再利用可能なボトルを洗うのは長い時間を要する」と④ 「未開封の使い捨てボトルに入っている水は長持ちする」では，どちらも時間の「長さ」について言及している。③については，ボトルを洗うのに要する時間を長いと感じるかどうかは，各個人が抱く印象に左右される（長いと感じる人もいれば，そう感じない人もいる）。一方で④の，「未開封のボトルに入った水が長持ちする」ことについては，たとえば非常時への備えとして用意する未開封ボトル入りの水は長持ちすると私たちは経験上知っている。よって，各個人の印象に左右されることではないと言えるだろう。以上から，③が「意見」として最も適切であると考えられる。

問4　正解は①

「質問3でクラスメートによって表明された一つの**事実**は，使い捨てボトルは◯◯◯◯◯ということである」

①「**学校で購入することができる**」は主観的な要素をまったく含まない「事実」であり，これが正解。一方で②「使うのに便利である」，③「持ち運べるほど軽い」，④「購入するには値段が高すぎるということはない（購入可能な範囲内の金額である）」は各個人が抱く印象や価値観に左右される「意見」なので不適。

問5　正解は④

「あなたのクラスメートが再利用可能なボトルを使用しない理由として最も可能性の高いものは何か」

再利用可能なボトルを使用しない理由を尋ねた質問3の回答の中で，最も多いものは「再利用可能なボトルを洗うのに時間がかかりすぎる（24人）」である。続いて「使い捨てボトルのほうが便利であると思う（17人）」も多いことから，これらの内容をおおまかに言い換えていると言える④「**それらを扱うのはやっかいである**」が正解。

①「使い捨てボトルに入った飲料が家にたくさんある」
②「手に入る飲料の種類が（使い捨てボトルに比べて）少ない」
③「それらはクラスメートにとって高額である」

> 問3と問4で「事実と意見」を区別する問題が出題されている。また，問5では調査結果に基づき，最も可能性の高い理由を推測することが求められている。

31 問1　正解は①　　問2　正解は①　　問3　正解は③

問4　正解は①　　問5　正解は③

訳　《サマープログラムの講座案内》

　あなたは英国のサマープログラムでどの講座を受講するかを決めなければならないので，講座案内と，講座に関する元受講生のコメントを読んでいます。

コミュニケーションと異文化研究

クリストファー=ベネット博士　　　　　　　　2021年8月3〜31日
bennet.christopher@ire-u.ac.uk　　　　　　火曜，金曜
電話：020-9876-1234　　　　　　　　　　　午後1時〜2時30分
オフィスアワー：予約のみ　　　　　　　　　全9回 – 1単位

講座の詳細：異文化を研究し，異文化出身の人々とのコミュニケーションの仕方について学びます。この講座では，学生は異文化間の諸問題に対処するための考えを発表しなければなりません。

目的：受講後は以下のことができるようになるでしょう：
- 異文化間の人間関係を理解する
- 異文化間のさまざまな問題に対する解決策を提示する
- 議論や発表を通して自分の意見を述べる

教科書：S. スミス（2019）『異文化研究』DNC社，ニューヨーク

評価：60％以上で合格
- 2回の発表：90％（1回につき45％）
- 出席：10％

受講生の評価（87人が評価）★★★★★（平均：4.89個）

コメント

　☺ぜひこの講座を受講しましょう！　クリス（クリストファー=ベネット博士）は素晴らしい先生です。彼は非常に知的で優しいです。講座の難易度はやや高めですが，十分に合格できます。文化の違いについて色々と学ぶことができます。すべての授業に出席するようおすすめします。授業に出席することは私が上手に発表するのにとても役立ちました。

語句・構文

［指 示 文］ ▶ former「かつての」
［講座案内］ ▶ office hours「オフィスアワー」　教官室で教官と面会可能な時間。
　　　　　　 ▶ appointment「（人と会う）約束」
　　　　　　 ▶ credit「（授業の）履修単位」
　　　　　　 ▶ issue「（主に社会上の）問題」
　　　　　　 ▶ evaluation「評価」
　　　　　　 ▶ overall「全体として」
　　　　　　 ▶ participation「出席」
［コメント］ ▶ challenging「（乗り越えるのが）困難な」

問1　正解は①
「この講座であなたは何をするか」
講座案内の「講座の詳細」欄から，この講座では異文化と異文化間のコミュニケーションについて学び，発表が求められることがわかる。また，「目的」欄の3項目（express your opinions …）に「議論や発表を通して自分の意見を述べる」とあることからも授業中に議論を行うことがわかる。以上の内容に合う①「**文化に関するさまざまなトピックについて議論する**」が正解。
② 「多くの異なる国々を訪れる」
③ 「人間関係に関する映画を見る」
④ 「文化に関する期末レポートを書く」

問2　正解は①
「この講座は，[　　　]学生を対象としている」
講座案内の「講座の詳細」欄に「異文化を研究し，異文化出身の人々とのコミュニケーションの仕方について学びます」とあるので，①「**異文化間の諸問題に関心がある（学生）**」が正解。コメント欄の第5文（You will learn …）に「文化の違いについて色々と学ぶことができます」とあるのもヒントになる。
② 「上手な発表ができる」
③ 「英国の観光が好きである」
④ 「英語を話せるようになる必要がある」

問3　正解は③
「ベネット博士に関する一つの事実は，[　　　]ということである」
講座案内の講座名の下にベネット博士の名前（Dr Christopher Bennet）があることから，この講座の担当教官がベネット博士であるとわかるので，③「彼（ベネッ

ト博士）がこの講座を担当している」が正解。なお，① 「彼は素晴らしい指導力を
持っている」，② 「彼は素晴らしい教官である」，④ 「彼は講座を難しくしている」
は，いずれもコメント欄の書き手が抱いた印象を反映した「意見」なので不適。

問4　正解は①

「この講座について表明されている一つの意見は，　　　　ということである」
　コメント欄の第4文（The course is …）の後半に「十分に合格できます」という，
書き手が抱いた印象を反映した「意見」が書かれているので，① 「履修単位を取得
するのは難しくない」が正解。pass「講座に合格する」ことを，選択肢では get a
credit「履修単位を取得する」と言い換えていることに注意。コメント欄の上部に
あるように，この講座の満足度の平均値は5点満点中の4.89点であることから，
② 「学生の大部分は講座に満足している」は数値データから客観的に読み取れる
（個人が抱く印象に左右されない）「事実」なので不適。③ 「出席は最終評価に含ま
れる」はこの講座に関する客観的な「事実」なので不適。④ 「学生は授業を週に2
回受ける」は講座案内の冒頭に「火曜，金曜」とあるから週2回だとわかるが，こ
れもこの講座に関する客観的な「事実」なので不適。

問5　正解は③

「この講座に合格するために，あなたは何をしなければならないか」
　講座案内の「評価」欄に「2回の発表：90％」とあるので，③ 「異文化間の諸問
題についてよい発表を（複数回）行う」が正解。なお，「評価」欄には合計60％で
合格で，「出席：10％」とあることから，授業に欠席することがあっても合格は可
能である。したがって① 「すべての授業に出席して議論に参加する」は不適。②
「異文化間の問題を見出し，解決策を議論する」については授業で行う内容かもし
れないが，合格の要件ではないので不適。④ 「ベネット博士のオフィスアワーに予
約を入れる」も合格の要件ではない。

第4章

複数の資料の
関連性を理解する

アプローチ

 ## 複数の資料を整理する

　共通テストでは「複数の資料の関連性を理解する」ことを求める設問も出題されています。この場合,「複数の資料」には以下のようなものがあります。

---

① 関連したテーマの2つの英文
　　メールのやりとり, 1つのテーマについて対立的な見解を述べた2つの英文,
　　1つの英文を別の英文で補足する, などといったスタイルで出されている。
② 英文＋グラフ・図表
　　グラフが選択肢に含まれている場合もある。

　このタイプの問題では,複数の資料と設問・選択肢の間を行ったり来たりしなくてはならないため,**思ったよりも時間がかかる**ことがよくあります。そのため,落ち着いて,できる限り一読だけで情報を整理する必要があります。また,設問を先に読んで「どんな情報が必要なのか」を把握した上で,1つ目の資料を読んだ時点で選択肢を検討し,解ける設問を解く,というように解答する順番も工夫してみましょう。このタイプの問題で時間が足りなくなる最大の原因は「わからなくなって何度も本文や資料を読み返さなくてはならない」ことです。多少ゆっくり読んでも構わないので,落ち着いて英文を読み,情報を整理しましょう。

例題

　You are doing research on students' reading habits. You found two articles.

Reading Habits Among Students　　　　　　**by David Moore**
　　　　　　　　　　　　　　　　　　　　　　　　　　July, 2010
　Reading for pleasure is reading just for fun rather than for your school assignment or work. There is strong evidence linking reading for enjoyment and educational outcomes. Research has shown that

students who read daily for pleasure perform better on tests than those who do not. Researchers have also found that reading for fun, even a little every day, is actually more beneficial than just spending many hours reading for studying and gathering information. Furthermore, frequent reading for fun, regardless of whether reading paper or digital books, is strongly related with improvements in literacy.

According to an international study, in 2009, two-thirds of 15-year-old students read for enjoyment on a daily basis. The graph shows the percentage of students who read for enjoyment in six countries. Reading habits differed across the countries, and there was a significant gender gap in reading in some countries.

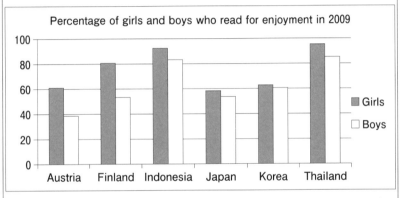

In many countries, the percentage of students who read for enjoyment daily had decreased since the previous study in 2000. Back in 2000, on average, 77 % of girls and 60 % of boys read for enjoyment. By 2009, these percentages had dropped to 74 % and 54 %, respectively.

In my opinion, many students today do not know what books they should read. They say that they have no favorite genres or series. That's why the percentage of students who read for pleasure daily has been decreasing. Parents and teachers should help students find interesting books in order to make reading for pleasure a daily routine.

Opinion on "Reading Habits Among Students"　　　by Y. T.

August, 2010

As a school librarian, I have worked in many different countries. I was a little sad to learn that fewer students around the world read for enjoyment daily than before. According to David Moore's article, approximately 60 % of female students in my home country reported they read for enjoyment, and the gender gap is about 20 %. I find this disappointing.

More students need to know the benefits of reading. As David Moore mentioned, reading for pleasure has good effects on students' academic skills. Students who regularly read many books get better scores in reading, mathematics, and logical problem solving. Also, reading for enjoyment has positive effects on students' mental health. Research has shown a strong relationship between reading for fun regularly and lower levels of stress and depression.

Regardless of these benefits, students generally do not spend enough time reading. Our daily lives are now filled with screen-based entertainment. Students spend a lot of time playing video games, using social media, and watching television. I think students should reduce their time in front of screens and should read books every day even for a short time. Forming a reading habit in childhood is said to be associated with later reading proficiency. School libraries are good places for students to find numerous resources.

問1　Neither David Moore nor the librarian mentions ⬚.
① gender differences in reading habits
② problems connected with reading digital books
③ the change in reading habits among students
④ the importance of reading regularly in childhood

問2　The librarian is from ⬚.
① Austria
② Finland
③ Japan
④ Korea

問3　According to the articles, reading for pleasure has good effects on students' ☐. (**You may choose more than one option.**)
① choice of career
② educational success
③ mental well-being
④ views of social media

問4　David Moore states that students ☐, and the librarian states that they ☐. (Choose a different option for each box.)
① are busier than ever before
② cannot decide what books to read
③ choose similar books as their parents
④ enjoy playing with electronic devices
⑤ get useful information from TV

問5　Based on the information from both articles, you are going to write a report for homework. The best title for your report would be "☐."
① Like It or Not, Reading Classic Novels is Important
② Make Reading for Entertainment a Part of Your Daily Life
③ Pleasure Reading is Becoming Popular in Different Countries
④ School Libraries: Great Resources for Doing School Projects

〔第2回プレテスト　第4問より〕

◆◆ **解答の手順**

　なるべく一読だけで解答するために，以下のような手順で解答するとよいでしょう。2つの記事を読んでからまとめて解答しようとすると，どうしても読み返さなければならなくなります。設問を先にチェックして何が問われているかを把握した上で，どのように読み解けば効率的に一読だけで解答できるかを考えて読み始めましょう。

≫≫≫ **まず，すべての設問をチェックします。この時点では選択肢まで読む必要はありません。**

問1　デイビッド=ムーアも司書も，☐には触れていない。

▶まず，デイビッド=ムーアの記事を読んでから触れていないものを選び（＝触れられているものを消去する），次に司書の記事を読んで残ったものの中から触れていないものを選ぶ。

問2　司書の出身地は□□□□である。

▶司書の記事を読んで，必要な情報が登場したときに解答する。

問3　これらの記事によると，楽しみのための読書は生徒の□□□□に良い影響を
与える。（複数選択可）

▶まず，デイビッド=ムーアの記事を読んで該当するものを選ぶ。次に司書の記事
を読んで該当するものが他にあるかどうか確認して，あれば追加する。なお，こ
のような「複数選択可」という出題形式はプレテストにはあったが，今のところ
実際の試験では出題されていない。

問4　デイビッド=ムーアは生徒が□□□□と言い，司書は生徒が□□□□と言ってい
る。（各空所に異なる選択肢を選べ）

▶デイビッド=ムーアの記事を読んで1つ目の空所を解き，司書の記事を読んで2
つ目の空所を解く。

問5　あなたは，両方の記事から得た情報をもとに，宿題のレポートを書くことに
なる。レポートのタイトルは□□□□が最適であるだろう。

▶両方の記事の共通点を把握する。何がキーワードになっているかを考える。

>>> 本文を読みます。まず，1つ目の記事を読んで，先ほどチェックした問題に解答
します。

問1
① 読書習慣の性差：第2段最終文（Reading habits differed …）で触れている。
② デジタル書籍の読書に関する問題点：言及なし。
③ 生徒の読書習慣の変化：第3段（In many countries …）で2000年と2009
年のデータを比較して言及している。
④ 子どもの頃から定期的に読書をすることの重要性：言及なし。
▶よって，この時点で②か④が正解となる。あとは司書の記事を読んで言及された
ものを消せばよい。

問3
① 職業選択：言及なし。
② 教育的成功：第1段第3文（Research has shown …）で言及されている。
③ 精神的な健康：言及なし。
④ ソーシャルメディアに対する見方：言及なし。
▶よって，この時点では②が正解の一つとなる。あとは2つ目の記事を読んで言及

されたものを選べばよい。

問4
① 以前にも増して忙しくなっている：言及なし。
② どの本を読むか決められない：第4段第1文（In my opinion, …）で言及されている。
③ 親と同じような本を選んでいる：言及なし。
④ 電子機器を使って遊ぶのを楽しんでいる：言及なし。
⑤ テレビから有益な情報を得ることができる：言及なし。
▶よって，1つ目の空所は②が正解となる。

問5
① 好きであろうとなかろうと，古典小説を読むことは重要である：古典小説については言及されていない。
② 娯楽のための読書を日常生活の一部にする：「娯楽のための読書」は繰り返し述べられている。
③ 楽しみの読書はさまざまな国で盛んになっている：第3段（In many countries …）の内容に矛盾している。
④ 学校の図書館：学校のプロジェクトを行うのに優れたリソース：学校の図書館については言及されていない。
▶この時点で②が有力な候補となる。あとは2つ目の記事を読んで判断する。

〉〉〉 次に，2つ目の記事を読み，残りを解答します。
問1
② デジタル書籍の読書に関する問題点：言及なし。
④ 子どもの頃から定期的に読書をすることの重要性：第3段第5文（Forming a reading …）で言及されている。
▶よって，②が正解となる。

問2
司書の出身地については，第1段第3文（According to David Moore's …）で「デイビッド=ムーア氏の記事によると，私の母国では約6割の女子生徒が楽しみのための読書をしていると回答しており，男女差は約2割です」と述べていることから，デイビッド=ムーアの記事のグラフを見て，該当する国を選ぶ。女子が60%で男女差が20%なのは①のオーストリアである。

問3

① 職業選択：言及なし。

③ 精神的な健康：第2段第4・5文（Also, reading for … and depression.）で言及されている。

④ ソーシャルメディアに対する見方：言及なし。

▶これで**解答は②と③**ということになる。

問4

① 以前にも増して忙しくなっている：言及なし。

③ 親と同じような本を選んでいる：言及なし。

④ 電子機器を使って遊ぶのを楽しんでいる：第3段第3文（Students spend …）で言及されている。

⑤ テレビから有益な情報を得ることができる：言及なし。

▶よって，2つ目の空所は**④が正解**となる。

問5

① 好きであろうとなかろうと，古典小説を読むことは重要である：古典小説については言及されていない。

② 娯楽のための読書を日常生活の一部にする：「娯楽のための読書」は繰り返し述べられている。

④ 学校の図書館：学校のプロジェクトを行うのに優れたリソース：学校の図書館については言及されていない。

▶司書の記事においても「楽しみのための読書」が繰り返し用いられている。よって，**②が正解**だと確定したことになる。

訳　あなたは生徒の読書習慣について研究しています。あなたは2つの記事を見つけました。

生徒の読書習慣　　　　　　　　　　　　　　　　デイビッド=ムーア

　　　　　　　　　　　　　　　　　　　　　　　　2010年7月

　楽しみのための読書とは，学校の課題や仕事のためではなく，ただ楽しむために読むことです。楽しみのための読書と教育の成果を結びつける強力な証拠があります。毎日楽しみのために読書をしている生徒は，そうでない生徒に比べてテストの成績が良いという研究結果が出ています。また，研究者は，勉強や情報収集のために何時間も読書をして過ごすよりも，毎日少しずつでも楽しみのための読書をするほうが，実は有益であることを発見しています。さら

に，紙の本か電子書籍かにかかわらず，楽しみのための読書を頻繁にすることは，リテラシーの向上と強く関係しています。

　ある国際的な調査によると，2009 年には 15 歳の生徒の 3 分の 2 が日常的に楽しみのための読書をしていることがわかりました。このグラフは，6 カ国で楽しみのための読書をしている生徒の割合を示したものです。読書習慣は国によって異なり，読書量に大きな男女差がある国もありました。

　多くの国で，毎日楽しみのための読書をする生徒の割合が，前回 2000 年の調査より減少していました。2000 年当時は，平均して女子生徒の 77％，男子生徒の 60％が楽しみのための読書をしていました。2009 年には，この割合はそれぞれ 74％と 54％に減少しています。

　私が思うに，今の生徒の多くは，どんな本を読んだらいいのかわからないのです。好きなジャンルやシリーズがない，と言うのです。だから，毎日楽しみのための読書をする生徒の割合が減ってきたのです。楽しみのための読書が毎日の習慣になるように，親や教師は生徒が面白い本を探す手助けをするべきなのです。

「生徒の読書習慣」に対する意見　　　　　　Y. T.
2010 年 8 月

　私は学校司書として，さまざまな国で仕事をしてきました。以前と比べ，世界中で毎日楽しみのための読書をする生徒が減っていることを知り，少し悲しくなりました。デイビッド=ムーア氏の記事によると，私の母国では約 6 割の女子生徒が楽しみのための読書をしていると回答しており，男女差は約 2 割です。私はこれを残念に思っています。

　もっと多くの生徒が読書の効用を知る必要があります。デイビッド=ムーア氏が述べたように，楽しみのための読書をすることは生徒の学力に良い影響を与えます。日頃から多くの本を読んでいる生徒は，読書，数学，論理的問題解決においてより良い点数を上げています。また，楽しみのための読書は，生徒の精神的な健康にも良い影響を与えます。定期的に楽しみのための読書をすることと，ストレスやうつ病のレベルが低いことには，強い関係があることが研究により示されています。

　このような利点があるにもかかわらず，一般的に生徒は読書に十分な時間を割いていません。私たちの日常生活は，今やスクリーンを使った娯楽で満たされています。生徒は，テレビゲームをしたり，ソーシャルメディアを利用したり，テレビを視聴することに多くの時間を費やしています。私は，生徒がスクリーンの前にいる時間を減らし，短時間でもいいから毎日本を読むべきだと思いま

す。子どもの頃に読書の習慣を身につけることは，その後の読書力につながると言われています。学校図書館は，生徒が多くのリソースを見つけるのに良い場所です。

 # 第4章の学習チェックポイント

以下のことに注意しながら，第4章の問題を解いてみましょう。

☐ 複数の資料の関係は把握できるか？

☐ 設問を先にチェックして，どのように読めば効率的に読み解けるかを考えているか？

☐ 各選択肢について根拠を持って解答しているか？

M E M O

演習問題

32 次の文章は，同一の状況について二人の人物がそれぞれの観点から述べたものである。文章を読み，下の問いの □ に入れるのに最も適当なものを，それぞれ下の①〜④のうちから一つずつ選べ。

Witness A : I was standing at the bus stop opposite the gas station on Route 300, a four-lane road. That had always been a dangerous area, but it's safer now because they recently put in traffic signals. There were two vehicles on the road approaching the signal. One was a small farm truck and the other a brand-new sports car. It was getting dark but the heavy rain had just stopped and there were no other cars around. Anyway, the truck and the sports car were driving side by side when the car started to swerve from side to side. I think the truck may have moved slightly to stay away from the car, but I'm not sure—I couldn't take my eyes off the car. The signal was red, but instead of slowing down, the car sped ahead rapidly. The driver was going to go through the intersection when the light was red! And that's when a van suddenly came into the intersection from the far side. It looked like they were going to hit, but they both turned away from each other at the last second and avoided a crash. But then the back doors of the van opened up and hundreds of soccer balls spilled out.

Witness B : I was walking on the side road toward Route 300—coming to the intersection. I noticed that they had put up signals near the service station. This should help make the intersection safer. Suddenly, a van came up from behind me. It was strange—I could see inside the van and it was full of soccer balls! I had never seen anything like that before. Anyway, as the van was approaching the signal, the light turned from green to yellow. But the driver went faster when he should have slowed down—he drove into the intersection where he almost hit a sports car. It was so lucky—the man was able to turn to the right and miss the car. I think the sports car turned too. Fortunately, there was no accident, but there were soccer balls all over the place.

問1　Based on what one of the witnesses said, we can assume it was 　　　.

① early in the morning and there were few cars
② evening and the road was wet
③ late afternoon and Route 300 was full of cars
④ late at night and it was slippery

問2　Witness A probably thinks that there was almost an accident because of 　　　.

① the new traffic signals at the intersection
② the sports car ignoring the traffic signal
③ the truck moving to avoid the sports car
④ the van going too fast for the area

問3　Witness B probably thinks that there was almost an accident because of 　　　.

① the sports car speeding through the intersection
② the traffic signals that were put up recently
③ the truck turning away from the sports car
④ the van driver driving dangerously

〔2010 年度本試験　第5問より抜粋〕

33 Your English teacher, Emma, has asked you and your classmate, Natsuki, to help her plan the day's schedule for hosting students from your sister school. You're reading the email exchanges between Natsuki and Emma so that you can draft the schedule.

Hi Emma,

We have some ideas and questions about the schedule for the day out with our 12 guests next month. As you told us, the students from both schools are supposed to give presentations in our assembly hall from 10:00 a.m. So, I've been looking at the attached timetable. Will they arrive at Azuma Station at 9:39 a.m. and then take a taxi to the school?

We have also been discussing the afternoon activities. How about seeing something related to science? We have two ideas, but if you need a third, please let me know.

Have you heard about the special exhibition that is on at Westside Aquarium next month? It's about a new food supplement made from sea plankton. We think it would be a good choice. Since it's popular, the best time to visit will be when it is least busy. I'm attaching the graph I found on the aquarium's homepage.

Eastside Botanical Garden, together with our local university, has been developing an interesting way of producing electricity from plants. Luckily, the professor in charge will give a short talk about it on that day in the early afternoon! Why don't we go?

Everyone will want to get some souvenirs, won't they? I think West Mall, next to Hibari Station, would be best, but we don't want to carry them around with us all day.

Finally, every visitor to Azuma should see the town's symbol, the statue in Azuma Memorial Park next to our school, but we can't work out a good schedule. Also, could you tell us what the plan is for lunch?

Yours,
Natsuki

Hi Natsuki,

Thank you for your email! You've been working hard. In answer to your question, they'll arrive at the station at 9:20 a.m. and then catch the school bus.

The two main afternoon locations, the aquarium and botanical garden, are good ideas because both schools place emphasis on science education, and the purpose of this program is to improve the scientific knowledge of the students. However, it would be wise to have a third suggestion just in case.

Let's get souvenirs at the end of the day. We can take the bus to the mall arriving there at 5:00 p.m. This will allow almost an hour for shopping and our guests can still be back at the hotel by 6:30 p.m. for dinner, as the hotel is only a few minutes' walk from Kaede Station.

About lunch, the school cafeteria will provide boxed lunches. We can eat under the statue you mentioned. If it rains, let's eat inside.

Thank you so much for your suggestions. Could you two make a draft for the schedule?

Best,
Emma

Attached timetable:

Train Timetable
Kaede — Hibari — Azuma

Stations	Train No.			
	108	109	110	111
Kaede	8:28	8:43	9:02	9:16
Hibari	8:50	9:05	9:24	9:38
Azuma	9:05	9:20	9:39	9:53

Stations	Train No.			
	238	239	240	241
Azuma	17:25	17:45	18:00	18:15
Hibari	17:40	18:00	18:15	18:30
Kaede	18:02	18:22	18:37	18:52

Attached graph:

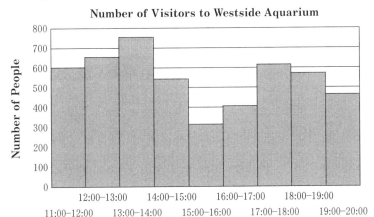

問1 The guests from the sister school will arrive on the number ☐1☐ train and catch the number ☐2☐ train back to their hotel.

第 4 章

① 109   ② 110   ③ 111

④ 238   ⑤ 239   ⑥ 240

問2 Which best completes the draft schedule?

A : The aquarium   B : The botanical garden

C : The mall   D : The school

① D→A→B→C
② D→B→A→C
③ D→B→C→A
④ D→C→A→B

問3　Unless it rains, the guests will eat lunch in the [ ].

① botanical garden
② park next to the school
③ park next to station
④ school garden

問4　The guests will **not** get around [ ] on that day.

① by bus
② by taxi
③ by train
④ by foot

問5　As a third option, which would be the most suitable for your program? [ ].

① Hibari Amusement Park
② Hibari Art Museum
③ Hibari Castle
④ Hibari Space Center

〔2021 年度本試験（第1日程）　第4問〕

34 You are preparing a presentation on tourism in Japan. You emailed data about visitors to Japan in 2018 to your classmates, Hannah and Rick. Based on their responses, you draft a presentation outline.

The data:

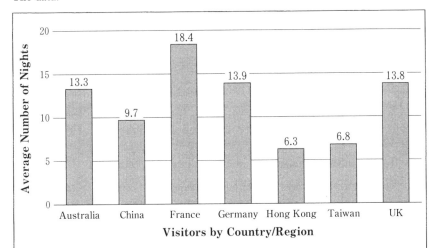

Figure 1. Length of stay in Japan.

（国土交通省観光庁による平成 30 年統計資料の一部を参考に作成）

Table 1

Average Amount of Money Spent While Visiting Japan

Visitors by country/region	Food	Entertainment	Shopping
Australia	58,878	16,171	32,688
China	39,984	7,998	112,104
France	56,933	7,358	32,472
Germany	47,536	5,974	25,250
Hong Kong	36,887	5,063	50,287
Taiwan	28,190	5,059	45,441
UK	56,050	8,341	22,641

(yen per person)

（国土交通省観光庁による平成 30 年統計資料の一部を参考に作成）

第4章

The responses to your email:

Hi,

Thanks for your email! That's interesting data. I know that the number of international visitors to Japan increased previously, but I never paid attention to their length of stay. I assume that visitors from Asia come for shorter stays since they can go back and forth easily.

Also, the table shows that Asian visitors, overall, tend to spend more on shopping compared to visitors from Europe and Australia. I guess this is probably because gift-giving in Asian cultures is really important, and they want to buy gifts for friends and family. For example, I have seen many Asian tourists shopping around Ginza, Harajuku, and Akihabara. Perhaps they don't have to spend so much money on accommodations, so they can spend more on shopping. I'd like to talk about this.

However, I've heard that visitors from Asia are now becoming interested in doing some other things instead of shopping. We may see some changes in this kind of data in the near future!

Best,
Hannah
P.S. This message is going to Rick, too.

Hi,

Thanks for sending your data! This will help us prepare for our presentation!

I notice from the data that Australians spend the most on entertainment. I'll present on this.

Also, the other day, on Japanese TV, I saw a program about Australian people enjoying winter sports in Hokkaido. I wonder how much they spend. I'll look for more information. If you find any, please let me know. This could be good for a future project.

In addition, I agree with Hannah that there seems to be a big difference in the length of stay depending on the country or region the visitor is from.

What about you? Do you want to talk about what Hannah found in relation to the spending habits? I think this is very interesting.

All the best,

Rick

P.S. This message is going to Hannah, too.

第
4
章

The presentation draft:

Presentation Title: ___ 1 ___

Presenter　　**Topic**

　Hannah:　　2

　Rick:　　3

　me:　　Relation to the length of stay

　　　　Example comparison:

　　　　People from 　4　 stay just over half the time in

　　　　Japan compared to people from 　5　 , but spend

　　　　slightly more money on entertainment.

Themes for Future Research:　　6

問1　Which is the best for ☐1 ?

① Money Spent on Winter Holidays in Hokkaido
② Shopping Budgets of International Tourists in Tokyo
③ Spending Habits of International Visitors in Japan
④ The Increase of Spending on Entertainment in Japan

問2　Which is the best for ☐2 ?

① Activities of Australian visitors in Japan
② Asian visitors' food costs in Japan
③ Gift-giving habits in European cultures
④ Patterns in spending by visitors from Asia

問3　Which is the best for ☐ 3 ☐ ?

① Australian tourists' interest in entertainment
② Chinese spending habits in Tokyo
③ TV programs about Hokkaido in Australia
④ Various experiences Asians enjoy in Japan

問4　You agree with Rick's suggestion and look at the data. Choose the best for ☐ 4 ☐ and ☐ 5 ☐ .

① Australia
② China
③ France
④ Taiwan

問5　Which is the best combination for ☐ 6 ☐ ?

A : Australians' budgets for winter sports in Japan
B : Future changes in the number of international visitors to Tokyo
C : Popular food for international visitors to Hokkaido
D : What Asian visitors in Japan will spend money on in the future

① A，B
② A，C
③ A，D
④ B，C
⑤ B，D
⑥ C，D

〔2021 年度本試験（第 2 日程）　第 4 問〕

第
4
章

☐
35
☐ To make a schedule for your homestay guest, Tom, you are reading the email exchange between your family and him.

Hi Tom,

Your arrival is just around the corner, so we are writing to check some details. First, what time will you land at Asuka International Airport? We'd like to meet you in the arrivals area.

While you are staying with us, we'll eat meals together. We usually have breakfast at 7:30 a.m. and dinner at 7 p.m. on weekdays. Do you think that will work, or would another time suit you better?

We would like to show you around Asuka. There will be a neighborhood festival on the day after you arrive from noon to 4 p.m. You can join one of the groups carrying a portable shrine, called a *mikoshi*. After the festival, at 8 p.m., there will be a fireworks display by the river until 9 p.m.

Also, we would like to take you to a restaurant one evening. Attached is some information about our favorite places. As we don't know what you like, please tell us which looks best to you.

Restaurants	Comments	Notes
Asuka Steak	A local favorite for meat lovers	Closed Tue.
Kagura Ramen	Famous for its chicken ramen	Open every day
Sushi Homban	Fresh and delicious seafood	Closed Mon.
Tempura Iroha	So delicious!	Closed Wed.

Finally, according to your profile, you collect samurai figures. Chuo Dori, the main street in our town, has many shops that sell them. There are also shops selling food, clothes, computer games, stationery, etc. You can have a great time there. What do you think? Would you like to go there?

See you soon,
Your Host Family

The email below is Tom's reply to your family.

Dear Host Family,

Thank you for your email. I'm really looking forward to my visit to Japan. You don't have to come to the airport. Hinode University is arranging transportation for us to the campus. There will be a welcome banquet till 7 p.m. in Memorial Hall. After the banquet, I will wait for you at the entrance to the building. Would that be all right?

I think I need half a day to recover from the flight, so I might like to get up late and just relax in the afternoon the next day. The fireworks at night sound exciting.

Starting Monday, my language lessons are from 8 a.m., so could we eat breakfast 30 minutes earlier? My afternoon activities finish at 5 p.m. Dinner at 7 p.m. would be perfect.

Thank you for the list of restaurants with comments. To tell you the truth, I'm not fond of seafood, and I don't eat red meat. I have no afternoon activities on the 10th, so could we go out to eat on that day?

As for shopping, Chuo Dori sounds like a great place. While we're there I'd like to buy some Japanese snacks for my family, too. Since my language classes finish at noon on the 12th, could we go shopping on that afternoon?

Can't wait to meet you!
Tom

[Your notes for Tom's schedule]

Day/Date	With Family		School
Sat. 6th	Arrival & pick up at	1	Reception
Sun. 7th	2		
Mon. 8th			· Language classes
Tue. 9th			8 a.m. – 3 p.m.
Wed. 10th	Dinner at	3	(until noon on Fri.)
Thurs. 11th			· Afternoon activities until
Fri. 12th	Shopping for 4 & 5		5 p.m.
Sat. 13th	Departure		(except Wed. & Fri.)
*Mon. – Fri. Breakfast 6 Dinner 7 p.m.			

問1　Where will your family meet Tom?　1

① Asuka International Airport
② the Banquet Room
③ the entrance to Memorial Hall
④ the main gate of Hinode University

問2　Choose what Tom will do on Sunday.　2

① Attend a welcome banquet
② Carry a portable shrine
③ Go to a festival
④ Watch fireworks

問3　Choose the restaurant where your family will take Tom.　3

① Asuka Steak
② Kagura Ramen
③ Sushi Homban
④ Tempura Iroha

問4　Choose what Tom will shop for. ☐4☐ ・ ☐5☐ (The order does not matter.)

① Action figures
② Clothes
③ Computer games
④ Food
⑤ Stationery

問5　You will have breakfast with Tom at ☐6☐

① 6:30 a.m.
② 7:00 a.m.
③ 7:30 a.m.
④ 8:00 a.m.

〔2022 年度追試験　第 4 問〕

第4章

36	You are working on an essay about whether high school students should be allowed to use their smartphones in class. You will follow the

steps below.

Step 1 : Read and understand various viewpoints about smartphone use.
Step 2 : Take a position on high school students' use of their smartphones in class.
Step 3 : Create an outline for an essay using additional sources.

[Step 1] Read various sources

Author A (Teacher)

My colleagues often question whether smartphones can help students develop life-long knowledge and skills. I believe that they can, as long as their use is carefully planned. Smartphones support various activities in class that can enhance learning. Some examples include making surveys for projects and sharing one's learning with others. Another advantage is that we do not have to provide students with devices; they can use their phones! Schools should take full advantage of students' powerful computing devices.

Author B (Psychologist)

It is a widespread opinion that smartphones can encourage student learning. Being believed by many, though, does not make an opinion correct. A recent study found that when high school students were allowed to use their smartphones in class, it was impossible for them to concentrate on learning. In fact, even if students were not using their own smartphones, seeing their classmates using smartphones was a distraction. It is clear that schools should make the classroom a place that is free from the interference of smartphones.

Author C (Parent)

I recently bought a smartphone for my son who is a high school student. This is because his school is located far from our town. He usually leaves home early and returns late. Now, he can contact me or access essential information if he has trouble. On the other hand, I sometimes see him walking while looking at his smartphone. If he is not careful, he could have an accident. Generally, I think that high school students are safer with smartphones, but parents still need to be aware of the risks. I also wonder how he is using it in class.

Author D (High school student)

At school, we are allowed to use our phones in class. It makes sense for our school to permit us to use them because most students have smartphones. During class, we make use of foreign language learning apps on our smartphones, which is really helpful to me. I am now more interested in learning than I used to be, and my test scores have improved. The other day, though, my teacher got mad at me when she caught me reading online comics in class. Occasionally these things happen, but overall, smartphones have improved my learning.

Author E (School principal)

Teachers at my school were initially skeptical of smartphones because they thought students would use them to socialize with friends during class. Thus, we banned them. As more educational apps became available, however, we started to think that smartphones could be utilized as learning aids in the classroom. Last year, we decided to allow smartphone use in class. Unfortunately, we did not have the results we wanted. We found that smartphones distracted students unless rules for their use were in place and students followed them. This was easier said than done, though.

第4章

問1　Both Authors A and D mention that ⬜ 1 ⬜.

① apps for learning on smartphones can help students perform better on exams
② one reason to use smartphones as an educational tool is that most students possess one
③ smartphones can be used to support activities for learning both at school and at home
④ smartphones make it possible for students to share their ideas with classmates

問2　Author B implies that ⬜ 2 ⬜.

① having time away from digital devices interferes with students' motivation to learn
② sometimes commonly held beliefs can be different from the facts that research reveals

③ students who do not have smartphones are likely to consider themselves better learners

④ the classroom should be a place where students can learn without the interference of teachers

[Step 2] Take a position

問3 Now that you understand the various viewpoints, you have taken a position on high school students' use of their smartphones in class, and have written it out as below. Choose the best options to complete ⎡ 3 ⎤, ⎡ 4 ⎤, and ⎡ 5 ⎤.

Your position: High school students should not be allowed to use their smartphones in class.

● Authors ⎡ 3 ⎤ and ⎡ 4 ⎤ support your position.
● The main argument of the two authors: ⎡ 5 ⎤.

Options for ⎡ 3 ⎤ and ⎡ 4 ⎤ (The order does not matter.)
① A
② B
③ C
④ D
⑤ E

Options for ⎡ 5 ⎤
① Making practical rules for smartphone use in class is difficult for school teachers
② Smartphones may distract learning because the educational apps are difficult to use
③ Smartphones were designed for communication and not for classroom learning
④ Students cannot focus on studying as long as they have access to smartphones in class

[Step 3] Create an outline using Sources A and B

Outline of your essay:

Using smartphones in class is not a good idea

Introduction

Smartphones have become essential for modern life, but students should be prohibited from using their phones during class.

Body

Reason 1: [From Step 2]

Reason 2: [Based on Source A]　⋯⋯⋯ 6

Reason 3: [Based on Source B]　⋯⋯⋯ 7

Conclusion

High schools should not allow students to use their smartphones in class.

第4章

Source A

Mobile devices offer advantages for learning. For example, one study showed that university students learned psychology better when using their interactive mobile apps compared with their digital textbooks. Although the information was the same, extra features in the apps, such as 3D images, enhanced students' learning. It is important to note, however, that digital devices are not all equally effective. Another study found that students understand content better using their laptop computers rather than their smartphones because of the larger screen size. Schools must select the type of digital device that will maximize students' learning, and there is a strong argument for schools to provide computers or tablets rather than to have students use their smartphones. If all students are provided with computers or tablets with the same apps installed, there will be fewer technical problems and it will be easier for teachers to conduct class. This also enables students without their own smartphones to participate in all class activities.

Source B

A study conducted in the U.S. found that numerous teenagers are addicted to their smartphones. The study surveyed about 1,000 students between the ages of 13 and 18. The graph below shows the percentages of students who agreed with the statements about their smartphone use.

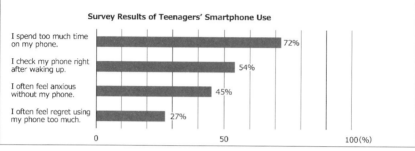

問4 Based on Source A, which of the following is the most appropriate for Reason 2? ⎕ 6 ⎕

① Apps that display 3D images are essential for learning, but not all students have these apps on their smartphones.

② Certain kinds of digital devices can enhance educational effectiveness, but smartphones are not the best.

③ Students should obtain digital skills not only on smartphones but also on other devices to prepare for university.

④ We should stick to textbooks because psychology studies have not shown the positive effects of digital devices on learning.

問5 For Reason 3, you have decided to write, "Young students are facing the danger of smartphone addiction." Based on Source B, which option best supports this statement? ⎕ 7 ⎕

① Although more than half of teenagers reported using their smartphones too much, less than a quarter actually feel regret about it. This may indicate unawareness of a dependency problem.

② Close to three in four teenagers spend too much time on their phones. In fact, over 50% check their phones immediately after waking. Many teenagers cannot resist using their phones.

③　Over 70% of teenagers think they spend too much time on their phones, and more than half feel anxious without them. This kind of dependence can negatively impact their daily lives.

④　Teenagers are always using smartphones. In fact, more than three-quarters admit to using their phones too much. Their lives are controlled by smartphones from morning to night.

〔試作問題　第Ａ問〕

解答解説

32　問1　正解は②　　問2　正解は②　　問3　正解は④

訳　《事故の目撃証言》

目撃者A：私は，4車線の国道300号線沿いにあるガソリンスタンドの向かい側に
あるバス停のところに立っていました。あのあたりはこれまでずっと危険な区域で
したが，最近信号が設置されたので，今ではもっと安全になっています。路上には
信号に接近してくる車が2台ありました。1台は小型の農業用トラックで，もう1
台は真新しいスポーツカーでした。あたりは暗くなってきていましたが，ちょうど
激しい雨がやんだばかりで周りには他の車はいませんでした。いずれにしても，ス
ポーツカーが道の片側からもう一方の側へハンドルを急にきり始めたとき，トラッ
クとスポーツカーは併走していました。トラックはスポーツカーを避けるのに少し
動いたかもしれませんが，よくわかりません。スポーツカーから目が離せませんで
したから。信号は赤でしたが，スポーツカーは速度を落とすのではなく，急にスピ
ードを上げて直進しました。ドライバーは赤信号で交差点を通り抜けようとしたん
ですよ。そして，そのときバンが向こう側から突然交差点に進入してきたんです。
車は衝突しそうに見えましたが，ぎりぎりのところで互いに向きを変えて，衝突を
免れました。でも，そのとき，バンの後部ドアが開いてたくさんのサッカーボール
がばらばらと転がり出てきました。

目撃者B：私は国道300号線に向かうわき道を歩いていました。交差点の方へ向か
っていたのです。ガソリンスタンドの近くに信号が立ったのだな，と気づきました。
これであの交差点はもっと安全になるはずです。突然，1台のバンが私の後ろから
やってきました。奇妙でした。バンの内部が見えたのですが，サッカーボールでい
っぱいだったんです！　あんなものは以前には見たことがありませんでした。とも
かく，そのバンが信号に近づいて行っているときに，信号が青から黄色に変わりま
した。でもドライバーは速度を落とすべきときに，さらに速度を上げていったので
す。交差点に進入して，そこでスポーツカーと接触しそうになりました。本当に運
がよかったんでしょう，その人は右に曲がることができて，スポーツカーにぶつか
らずにすみました。スポーツカーも曲がったと思います。幸い，事故にはなりませ
んでしたが，サッカーボールがそこらじゅうに転がっていました。

語句・構文

[**目撃者A**]　▶ put in ～「～（機械など）を取りつける，設置する」
　　　　　　　▶ vehicle「（陸上の）乗物」
　　　　　　　▶ side by side「横に並んで」
　　　　　　　▶ swerve「ハンドルを（急に）きる，急に向きを変える」
　　　　　　　▶ stay away from ～「～（危害など）を避ける」
　　　　　　　▶ speed「加速する」　sped は speed の過去形。
[**目撃者B**]　▶ put up ～「～を立てる」

問1　正解は②
　「目撃者の一人が言ったことに基づけば，　　　　と推測できる」
　目撃者Aの証言第5文（It was getting …）に「あたりは暗くなってきていて，ちょうど激しい雨がやんだばかり」とあることから，②「**夕方で道が濡れていた**」が適切。
　① 「早朝で車はほとんどいなかった」
　③ 「午後遅い時間で国道 300 号線は車がいっぱいだった」
　④ 「夜遅い時間ですべりやすかった」

問2　正解は②
　「おそらく目撃者Aは　　　　のせいで事故が起こりかけたと考えている」
　目撃者Aの証言第8文（The signal was …）に「信号は赤だったが，その車は速度を落とすのではなく，急にスピードを上げて直進した」とある。ここまでに目撃者Aが言及している車は「トラック」と「スポーツカー」で，第7文（I think the truck …）に「トラックはその車を避けるのに少し動いたかもしれない」とあるので，「その車」が「スポーツカー」を指していることがわかる。したがって，②「**スポーツカーが信号を無視したこと**」が正解。
　① 「交差点の新しい信号」
　③ 「トラックがスポーツカーを避けるのに動いたこと」
　④ 「バンがその区域にあまりにも速い速度で向かったこと」

問3　正解は④
　「おそらく目撃者Bは　　　　のせいで事故が起こりかけたと考えている」
　目撃者Bの証言第7・8文（Anyway, as the … a sports car.）に「バンが信号に近づいて行っているときに，信号が青から黄色に変わったが，ドライバーは速度を落とすべきときに，さらに速度を上げていった」とある。④「**バンのドライバーが危険な運転をしたこと**」が正解。

① 「スポーツカーが速度を上げて交差点を抜けたこと」
② 「最近設置された信号」
③ 「トラックがスポーツカーを避けたこと」

　　同じ出来事を別の視点から語った2つの文章についての読解。どちらの視点からの描写なのか，情報を整理して読む必要がある。
　　さらにどの設問にも assume「推測する」か，probably「おそらく」という表現があるので，本文で直接言及していない可能性が高い。順を追って情報を整理し，そこから導ける仮説を考えるとよい。

33

問1　$\boxed{1}$　正解は①　　$\boxed{2}$　正解は⑤　問2　正解は②
問3　正解は②　　問4　正解は②　　問5　正解は④

訳　《姉妹校からの生徒をもてなすスケジュール案についてのやり取り》

　あなたの英語の先生のエマが，姉妹校からの生徒をもてなす1日のスケジュールの計画を立てる手伝いを，あなたとあなたのクラスメートのナツキに依頼してきた。あなたは，スケジュール案が書けるように，ナツキとエマのメールのやり取りを読んでいる。

エマ先生へ

[第1段]　来月の12人のゲストと出かける日のスケジュールについて，いくつか考えと質問があります。お話しくださったとおり，どちらの学校の生徒も，午前10時から私たちの学校の会館でプレゼンテーションを行うことになっています。それで，添付の時刻表を見ていました。彼らはアズマ駅に午前9時39分に到着し，学校までタクシーで来るのですか？

[第2段]　これまで午後の活動についても話し合ってきました。何か科学に関係するものを見るのはどうでしょうか？　2つの考えがありますが，もしもう1つ必要なら，知らせてください。

[第3段]　来月ウエストサイド水族館で開かれる特別展についてはお聞きでしょうか？　それは海洋性プランクトンから作られる新しい補助食品に関するものです。よい選択だと思います。人気のある施設ですので，訪問に最適な時間は，いちばん混んでいない時間帯でしょう。水族館のホームページで見つけたグラフを添付します。

[第4段]　イーストサイド植物園は，地元の大学とともに，植物から電気を作る興味深い方法を開発しています。都合のよいことに，担当している教授がそのことについて予定の日の午後早い時間にちょっとした講演をすることになっています！出かけてはどうでしょうか？

[第5段]　みんな何かおみやげを買いたいと思うのではないでしょうか？　ヒバリ駅の隣にあるウエストモールが最適だと思いますが，おみやげを一日中持って歩くのもどうかと思います。

[第6段]　最後に，アズマに訪れる人はみんな，町のシンボル，つまり私たちの学校の隣にあるアズマ記念公園の銅像を見たほうがよいと思いますが，よいスケジュールを思いつきません。また，昼食の計画がどうなっているか教えていただけますか？

敬具

ナツキより

第4章

ナツキへ

[第7段]　メールありがとう！　一生懸命考えてくれましたね。質問にお答えすれば，彼らは午前9時20分に駅に到着し，それからスクールバスに乗ります。

[第8段]　午後の主な2つの場所，水族館と植物園はよい考えですね。両校とも，科学教育を重視していますし，このプログラムの目的は，生徒の科学知識を向上させることですからね。ですが，念のため，3番目の案を考えておくのが賢明でしょう。

[第9段]　おみやげは一日の最後にしましょう。午後5時にモールに着くバスに乗れます。これで買い物に1時間近くとれて，それでもゲストは夕食をとるのに午後6時半までにはホテルに戻れます。ホテルはカエデ駅から歩いて数分しかかかりませんから。

[第10段]　昼食については，学食がお弁当を用意してくれます。あなたが言っていた銅像の下で食事ができますね。もし雨が降ったら，屋内で食べましょう。

[第11段]　提案をどうもありがとう。あなたたち2人でスケジュール案を作成してくださいますか？

よろしくお願いします。

エマより

添付の時刻表：

列車の時刻表
カエデ ― ヒバリ ― アズマ

駅	列車番号			
	108	109	110	111
カエデ	8:28	8:43	9:02	9:16
ヒバリ	8:50	9:05	9:24	9:38
アズマ	9:05	9:20	9:39	9:53

駅	列車番号			
	238	239	240	241
アズマ	17:25	17:45	18:00	18:15
ヒバリ	17:40	18:00	18:15	18:30
カエデ	18:02	18:22	18:37	18:52

添付のグラフ：

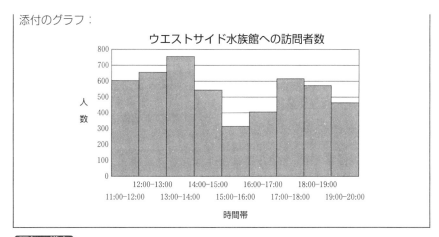

ウエストサイド水族館への訪問者数

人数

12:00-13:00　14:00-15:00　16:00-17:00　18:00-19:00
11:00-12:00　13:00-14:00　15:00-16:00　17:00-18:00　19:00-20:00

時間帯

語句・構文

[第1段]　▶ be supposed to *do*「〜することになっている」
　　　　　▶ attached「添付された」
[第2段]　▶ How about *doing*?「〜するのはどうですか」
[第4段]　▶ in charge「担当している」
[第5段]　▶ carry *A* around「*A* を持ち歩く」
[第6段]　▶ work out 〜「(計画など) を練って作る，解決する」
[第7段]　▶ in answer to 〜「〜に答えて，反応して」
[第8段]　▶ place emphasis on 〜「〜を重視する，強調する」
[第10段]　▶ boxed lunch「弁当」
[第11段]　▶ make a draft「草稿を作る」

問1　　1　　正解は①　　　2　　正解は⑤
　「姉妹校からのゲストは　1　番列車で到着し，　2　番列車に乗ってホテルに戻る」
　第7段第3文 (In answer to …) で「彼らは午前9時20分に駅に到着する」と答えている。2つの時刻表のうち，上の表で9時20分にアズマ駅に到着するのは109番。　1　は①が正解。
　第9段第2文 (We can take …) と，続く第3文 (This will allow …) 前半に「午後5時にモールに着くバス…で買い物に1時間近くとれる」とある。第5段第2文 (I think West Mall, …) に「ヒバリ駅の隣にあるウエストモール」とあること，第9段第3文後半 (our guests can …) に「ホテルはカエデ駅から歩いて数分しかかからないので，夕食をとるのに午後6時半までにはホテルに戻れる」とあることから，下の時刻表を検討すると，ヒバリ駅を18時に出てカエデ駅に18時

第4章

22分に到着する239番があてはまる。 2 は⑤が正解。

問2　正解は②

「スケジュール案を完成するのに最適なものはどれか」

A：水族館　　B：植物園　　C：モール　　D：学校

選択肢はすべて最初がD「学校」なので，2番目以降を検討する。第9段第1・2
文（Let's get souvenirs … at 5:00 p.m.）に「おみやげは一日の最後に。午後5
時にモールに着くバスに乗れる」とある。スケジュールの最後17：00のところに
はC「モール」があてはまる。第3段（Have you heard …）にはウエストサイド
水族館のことが述べられており，同段第4文（Since it's popular, …）に「訪問に
最適な時間は，いちばん混んでいない時間帯だ」とある。「ウエストサイド水族館
への訪問者数」のグラフを見ると，最も訪問者数が少ないのは15〜16時だとわか
る。3番目の15：30にA「水族館」があてはまる。これで②が正しいとわかるが，
念のためにスケジュールの2番目にB「植物園」があてはまるか検討すると，植物
園のことが述べられている第4段第2文（Luckily, the professor …）に「担当し
ている教授が…予定の日の午後早い時間にちょっとした講演をする」とあり，13：
30という時刻と合う。よって正解は②。

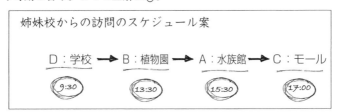

問3　正解は②

「雨が降らないかぎり，ゲストは□□□で昼食をとる」

第10段第2文（We can eat …）に「あなたが言っていた銅像の下で食事ができ
る」とある。この銅像は，第6段第1文（Finally, every visitor …）の「私たち
の学校の隣にあるアズマ記念公園の銅像」のこと。②「学校の隣の公園」が正解。
①「植物園」

③「駅の隣の公園」
④「校庭」

問4　正解は②

「ゲストは当日，　　　　移動はしない」

第7段第3文（In answer to …）に「彼らは午前9時20分に駅に到着し，それからスクールバスに乗る」とあり，電車とバスを利用することがわかる。第9段第3文（This will allow …）最終部分に「ホテルはカエデ駅から歩いて数分しかかからない」とあり，徒歩移動もあることになる。②「タクシーで」が正解。

① 「バスで」
③ 「電車で」
④ 「徒歩で」

問5　正解は④

「3つ目の選択肢として，予定にはどれが最適か」

第8段第1文（The two main afternoon …）に「両校とも，科学教育を重視しており，このプログラムの目的は，生徒の科学知識を向上させることだ」とある。科学教育，科学知識に関係するものとしては④「ヒバリ宇宙センター」が適切。

① 「ヒバリ遊園地」
② 「ヒバリ美術館」
③ 「ヒバリ城」

第4章

　姉妹校からの生徒をもてなすスケジュール案についてのメール。2人のメールの文面と列車の時刻表，水族館の混雑度を示すグラフという4つの情報を複合的に考慮しなければならないため，英文を読みながら必要な情報を時刻表やグラフで確認する，という作業が必要になる。

　共通テストには，複数の情報を複合させて情報を把握する問題が多いという特徴がある。こうした問題形式に慣れる必要がある。

　また，問5では一種の「スキーマ」（＝背景知識，1つの単語から広がる語彙のネットワーク）が問われている。正解のHibari Space Center「ヒバリ宇宙センター」という表現は本文に登場していないが，「遊園地」「美術館」「城」「宇宙センター」の中で「科学」と最もかかわりが深いものはどれかが問われている。日頃，語彙を習得する際には，関連する表現を意識しながら学習する必要がある。

		問1	正解は③	問2	正解は④	問3	正解は①
34		問4	4　正解は②	5　正解は③		問5	正解は③

訳　《日本の観光産業について》

あなたは日本の観光産業についての発表の準備をしています。あなたは2018年に日本を訪れた人々に関するデータをクラスメートのハンナとリックにメールで送りました。彼らの返信に基づいて，あなたは発表の概要の下書きを作ります。

データ：

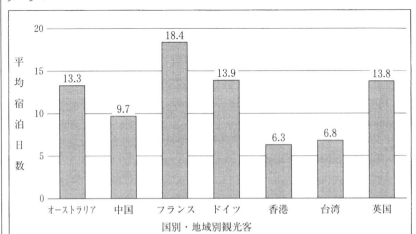

図1　日本での滞在期間
（国土交通省観光庁による平成30年統計資料の一部を参考に作成）

表1
日本を訪れている間に支払った金額の平均値

国別・地域別観光客	食費	娯楽費	買物代
オーストラリア	58,878	16,171	32,688
中国	39,984	7,998	112,104
フランス	56,933	7,358	32,472
ドイツ	47,536	5,974	25,250
香港	36,887	5,063	50,287
台湾	28,190	5,059	45,441
英国	56,050	8,341	22,641

（一人当たりの支出　単位：円）
（国土交通省観光庁による平成30年統計資料の一部を参考に作成）

あなたのメールへの返信：

こんにちは
[第1段]　メールありがとう！　これは興味深いデータね。外国から日本に来る観光客が以前に増加したことは知っているけれども，観光客の滞在期間に注意を向けたことはなかったわ。私が思うに，アジアからの観光客の滞在期間が短めなのは，容易に行き来できるからではないかしら。
[第2段]　それに表によると，アジア人観光客は，概して，ヨーロッパやオーストラリアからの観光客と比べて，より多くのお金を買い物に使う傾向があるみたいね。これはたぶん，アジアの文化では贈り物をすることが本当に大切なので，アジア人は友達や家族のために贈り物を買いたいと思うからではないかしら。たとえば，多くのアジア人観光客が銀座や原宿や秋葉原あたりで買い物をしているのを見たことがあるわ。たぶん，この人たちは宿泊費にそれほど多くのお金を使う必要がないから，より多くのお金を買物代に使えるのではないかしら。私はこれについてお話ができればと思うわ。
[第3段]　でもね，アジアからの観光客は，今では買い物ではなくて他のことをするのに興味を持つようになってきていると聞いたことがあるわ。近い将来，この種のデータにおけるいくつかの変化を目にするかもしれないわね！
よろしくね
ハンナ
追伸：このメッセージはリックにも送ります。

こんにちは
[第4段]　データを送ってくれてありがとう！　これは僕たちが発表の準備をするのに役立つよ！
[第5段]　このデータから，オーストラリア人は娯楽に対して（他の国や地域からの観光客と比べて）最も多くのお金を使っていることに気づいたよ。僕はこれについて発表しようかな。
[第6段]　また，先日，日本のテレビで，オーストラリア人が北海道でウィンタースポーツを楽しんでいることに関する番組を見たんだ。あの人たちはいくらお金を使うのだろう。もっと他の情報も探してみるよ。何か情報を見つけたら，僕に教えてね。このことは今後のプロジェクトの役に立つ可能性があるね。
[第7段]　それに僕は，観光客がどの国や地域から来たのかによって，滞在期間に大きな違いがあるようにみえるということについては，ハンナと同じ考えだよ。
[第8段]　君はどうするの？　消費習慣に関してハンナが気づいたことについて話すのはどうかな？　これはとても興味深いと僕は思うな。

よろしく

リック

追伸：このメッセージはハンナにも送ります。

発表用の草稿：

発表のタイトル： _____ 1 _____

発表者 　　　　トピック

ハンナ： _____ 2 _____

リック： _____ 3 _____

私： 　　滞在期間との関係

比較例：

_____ 4 _____ から来た人々は、 _____ 5 _____ から来た人々と比べて、半分を
やや上回る期間しか日本に滞在しないのだが、娯楽に対してわず
かに多くのお金を使う。

将来の研究のためのテーマ： _____ 6 _____

語句・構文

［指示文］ ▶ email「～を電子メールで送信する」

　　　　 ▶ draft「～の下書きを作成する」

［第1段］ ▶ pay attention to ～「～に注意を向ける」

　　　　 ▶ assume that S V「S は V だと想定する」

　　　　 ▶ go back and forth「行き来する」

［第2段］ ▶ compared to ～「～と比較して」

　　　　 ▶ I guess S V「S は V だと私は思う」

　　　　 ▶ probably because S V「おそらく S は V だからだ」

　　　　 ▶ accommodation「宿泊施設」

［第3段］ ▶ A instead of B「B ではなくて A」

［第5段］ ▶ present on ～「～について発表する」

［第7段］ ▶ agree with … that ～「～ということで…と意見が一致する」

　　　　 ▶ depending on ～「～次第で」

［第8段］ ▶ in relation to ～「～に関して」

　　　　 ▶ spending habit「消費習慣，金遣い」

問1　正解は③

「　1　」に入れる最も適切なものはどれか」

本問ではハンナ，リック，「私」の発表の統一タイトルが問われているので，3人の発表の内容を確認する。

ハンナは第2段（Also, the table …）で，アジア人観光客の買物代が他の地域からの観光客よりも多いことについて考察し，同段最終文（I'd like to …）で「私はこれについてお話ができればと思うわ」と述べている。

リックは第5段第1文（I notice from …）で，「オーストラリア人は娯楽に対して（他の国や地域からの観光客と比べて）最も多くのお金を使っていることに気づいた」と述べ，次の第2文（I'll present on …）で「僕はこれについて発表しようかな」と述べている。

「私」の発表のトピックについては草稿に「滞在期間との関係」とあるが，続く「比較例」に「半分をやや上回る期間しか日本に滞在しないのだが，娯楽に対してわずかに多くのお金を使う」とあり，「（支出と）滞在期間との関係」であるとわかる。

このように，3人とも訪日観光客の支出を話題にしているので，③「**日本にいる外国人観光客の消費習慣**」が最も適切である。

①「北海道の冬休みに使われるお金」

②「東京にいる外国人観光客の買物予算」

④「日本における娯楽への支出の増加」

問2　正解は④

「　2　」に入れる最も適切なものはどれか」

ハンナの発表のトピックが問われている。ハンナの発表の内容は問1で見たとおり，アジア人観光客の買物代が他の地域からの観光客よりも多いことに関するものである。④「**アジアからの観光客による支出のパターン**」はアジア人の（買物代を含む）支出に関するトピックであり，これがハンナの発表内容に最も近い。

①「日本にいるオーストラリア人観光客の活動」と③「ヨーロッパ文化の贈答習慣」はアジア人を含まないので不適。②「アジア人観光客の日本での食費」は食費に話題を限定して，買物代を含まないので不適。

問3　正解は①

「　3　」に入れる最も適切なものはどれか」

リックの発表のトピックが問われている。リックの発表の内容は問1で見たとおり，第5段に書かれている「オーストラリア人は娯楽に対して（他の国や地域からの観光客と比べて）最も多くのお金を使っている」というものである。この内容に最も

近い①「オーストラリア人観光客の娯楽に対する関心」が正解。
②「中国人の東京での消費習慣」と④「アジア人が日本で楽しむさまざまな体験」
はオーストラリアを含まないので不適。
③「オーストラリアにおける北海道に関するテレビ番組」

問4　　4　　正解は②　　　5　　正解は③
「あなたはリックの提案に同意し，データを見る。　4　と　5　に入れる最も適
切なものを選びなさい」
第8段第2文（Do you want …）に「消費習慣に関して<u>ハンナが気づいたことに
ついて話すのはどうか</u>」という提案がある。ハンナは，第1段でアジア人の滞在期
間が短めであることを指摘している。したがって「　4　から来た人々
は，　5　から来た人々と比べて，半分をやや上回る期間しか日本に滞在しない」
の　4　にはアジアの国・地域が入り，　4　よりも滞在期間が2倍をやや下回
るアジア以外の国が　5　に入る。図1によると，中国の平均宿泊日数が9.7日で，
フランスは18.4日なので，　4　には②「中国」，　5　には③「フランス」が
入る。
また表1によると，中国の娯楽費の平均値は7,998円で，フランスは7,358円な
ので，「　4　から来た人々は，　5　から来た人々と比べて…，娯楽に対してわ
ずかに多くのお金を使う」についても，　4　は②「中国」，　5　は③「フラン
ス」で問題ないとわかる。

問5　正解は③
「　6　に入れる最も適切な組み合わせはどれか」
A．「オーストラリア人が日本でウィンタースポーツに使う予算」
B．「東京を訪れる外国人観光客の人数における将来の変化」
C．「北海道を訪れる外国人観光客に人気の食品」
D．「アジア人の訪日観光客は将来何にお金を使うのか」
将来の研究のテーマが問われている。第3段では，アジア人観光客が今では買い物
以外に興味を持ち始めており，「<u>近い将来</u>，この種のデータにおけるいくつかの変
化を目にするかもしれない」と述べられている。この内容に合うDをまず選ぶ。
次に，第6段では，北海道でウィンタースポーツを楽しむオーストラリア人の出費
についてのデータを収集することが「<u>今後のプロジェクトの役に立つ可能性があ
る</u>」と述べられている。この内容に合うAも選ぶ。
以上から，③A，Dが正解である。

　資料（グラフ，表）とメールのやり取りをもとに，プレゼンテーションの草稿を完成させる問題。複数の資料の関係について把握しながら設問に解答しなくてはならず，最も効率的に解答する手順を考えて読み解く必要がある。

第4章

35
問1　正解は③　　　問2　正解は④　　　問3　正解は②
問4　正解は①・④（順不同）　　　問5　正解は②

訳　《ホームステイ中のスケジュール》
　あなたの家にホームステイするトムのスケジュールを作成するために，あなたは，あなたの家族と彼の間でやり取りされているメールを読んでいる。

こんにちは，トム
[第1段]　あなたの到着ももうすぐですね。それで，細かいことをいくつか確認するためにこのメールを書いています。まず，アスカ国際空港に到着するのは何時ですか？　到着エリアで出迎えたいと思っています。
[第2段]　あなたが私たちの家に滞在している間，一緒に食事をすることになります。平日はふつう，朝食は午前7時30分，夕食は午後7時に食べています。それでいいですか？　それとも別の時間のほうが，都合がよいでしょうか？
[第3段]　私たちは，あなたにアスカを案内して回りたいと思っています。あなたの到着の翌日の正午から午後4時まで，地域のお祭りがあります。あなたは，「みこし」と呼ばれる，持ち運び可能な社を担ぐグループの一つに参加できます。お祭りのあと，午後8時に川のそばで花火大会があり，午後9時まで行われます。
[第4段]　また，どこかの夜に，レストランにあなたを連れて行きたいと思います。添付してあるのは，私たちのお気に入りの場所に関する情報です。あなたの好みがわからないので，どれがあなたには一番よさそうか教えてください。

レストラン	コメント	備考
アスカステーキ	地元の肉好きに人気の場所	火曜日休業
カグララーメン	チキンラーメンで有名	無休
寿司本番	新鮮でおいしい海鮮	月曜日休業
天ぷらいろは	とてもおいしい！	水曜日休業

[第5段]　最後に，あなたのプロフィールによると，あなたは侍のフィギュアを集めているのですね。私たちの町の大通りである中央通りには，それらを売っている店がたくさんあります。食べ物や服，コンピュータゲーム，文房具を売っている店などもあります。そこに行けば楽しいと思いますよ。どう思いますか？　そこに行きたいですか？
では，またすぐに
あなたのホストファミリーより

次のメールはあなたの家族へのトムの返信である。

ホストファミリーのみなさん

[第6段]　メールをありがとうございます。日本を訪れるのが本当に楽しみです。空港に来てくださる必要はありません。ヒノデ大学が，私たちのために，キャンパスまでの移動の手はずを整えてくれています。記念館で午後7時まで歓迎会があります。歓迎会のあと，記念館の入口で待っています。それでいいですか？

[第7段]　飛行機の旅疲れから回復するのに半日必要だと思うので，翌日はゆっくり起きて午後はのんびりしたいかなと思います。夜の花火は楽しそうですね。

[第8段]　月曜日から始まる語学の授業は午前8時からなので，朝食は30分早くいただけますか？　午後の活動は午後5時に終わります。午後7時の夕食はちょうどいいです。

[第9段]　コメント付きのレストランのリストをありがとうございます。実を言うと，海鮮は好みではありませんし，赤肉（牛や羊，鹿などの肉）は食べません。10日は午後の活動がないので，その日に食事に出かけるのはどうでしょうか？

[第10段]　買い物に関しては，中央通りはとてもよさそうなところですね。そこにいる間に，僕の家族に日本のお菓子も買いたいです。12日は，語学の授業が正午に終わるので，その日の午後に買い物に行きませんか？

お目にかかるのが待ち遠しいです！

トム

[トムのスケジュールのためのあなたのメモ]

日付	家族と	学校
6日（土）	到着，　1　にお迎え	歓迎会
7日（日）	2	
8日（月）		・語学の授業
9日（火）		午前8時〜午後3時
10日（水）	3　で夕食	（金曜日は正午まで）
11日（木）		・午後5時まで午後の活動
12日（金）	4　と　5　の買い物	（水曜日と金曜日以外）
13日（土）	出発	
*月曜日から金曜日　　朝食　6　　夕食 午後7時		

第4章

語句・構文

[第1段] ▶ just around the corner「(距離・時間的に) すぐそこに」
[第2段] ▶ stay with ~「~(人) の家に泊まる」
[第3段] ▶ show + 人 + around + 場所「人に場所を案内する」
[第4段] ▶ attached is some information about ~「添付しているのは~に関する情報である」 本来の語順は some information about ~ is attached であるが，ここでは倒置になっている。
[第6段] ▶ banquet「宴会」
[第10段] ▶ as for ~「~に関して言うと」

問1 正解は③
「あなたの家族はどこでトムを出迎えるか」
第6段第3文 (You don't have to …) に「空港に来る必要はない」，同段第6文 (After the banquet, …) に「歓迎会のあと，記念館の入口で待っている」とある。the building は前文の Memorial Hall を指す。③「記念館の入口」が正解。
①「アスカ国際空港」
②「宴会場」
④「ヒノデ大学の正門」

問2 正解は④
「□曜□にトムがすることを選べ」
スケジュールのメモを見ると，日曜日は到着の翌日にあたる。第7段 (I think I need …) に「飛行機の旅疲れから回復するのに…翌日はゆっくり起きて午後はのんびりしたい。夜の花火は楽しそうだ」とある。④「花火を見る」が正解。第3段第2・3文 (There will be … called a *mikoshi*.) より，②と③は日曜日の午後のことである。のんびりしたいトムは参加しない。
①「歓迎会に出席する」
②「みこしを担ぐ」
③「お祭りに行く」

問3 正解は②
「あなたの家族がトムを連れて行くレストランを選べ」
第9段第2文 (To tell you …) に「海鮮は好きではなく，赤肉は食べない」とあるので，①「アスカステーキ」と③「寿司本番」は除外できる。red meat「赤肉」は牛や羊，鹿など，濃い赤色の肉のことで，肉の種類を指す。脂の多さは関係ない。同段最終文 (I have no …) に「10日に食事に出かけよう」とあり，スケジュー

ルのメモから 10 日が水曜日だとわかるので，水曜日が休業の④「天ぷらいろは」
は当てはまらない。残る②「カグララーメン」が正解。chicken「鶏肉」は white
meat なので，トムも食べられる。

問4　正解は①・④（順不同）
「トムが買いに行くものを選べ（順序は問わない）」
第5段第1・2文（Finally, according to … that sell them.）から，トムが侍の
フィギュアを集めており，中央通りにそれらを売っている店があることが述べられ
ている。第10段第2文（While we're there …）に「日本のお菓子も自分の家族
のために買いたい」とある。①「アクションフィギュア」と④「食べ物」が正解。
②「服」
③「コンピュータゲーム」
⑤「文房具」

問5　正解は②
「あなたたちはトムと一緒に朝食を｜　　　｜に食べる」
第2段第2文（We usually …）に「平日はふつう，朝食は午前7時30分に食べ
る」，第8段第1文（Starting Monday, …）に「授業が午前8時からなので，朝
食を30分早くしてもらえるか」とある。②「午前7時」が正解。
①「午前6時30分」
③「午前7時30分」
④「午前8時」

　　メールのやり取りをもとに，スケジュール表を完成させる問題。本文中の表の
　情報も考慮しなくてはならず，手順を考え，慎重に読み解く必要がある。

第4章

□
□ **36**　問1　正解は②　　問2　正解は②
　　　　問3　| 3 | 4 |　正解は②・⑤（順不同）　　| 5 |　正解は④
　　　　問4　正解は②　　問5　正解は②

訳　《高校生とスマートフォン》

　あなたは，高校生が授業中にスマートフォンを使用することを許可すべきかどうかについてのエッセイに取り組んでいます。以下のステップを踏んでください。

　ステップ1：スマートフォンの使用に関するさまざまな観点を読み，理解する。

　ステップ2：高校生が授業中に自分たちのスマートフォンを使用することについて，一つの立場をとる。

　ステップ3：追加資料を用いて，エッセイのアウトラインを作成する。

[ステップ1] さまざまな資料を読む

著者A（教師）

私の同僚は，生徒が生涯にわたる知識やスキルを向上させるのにスマートフォンが役立つかどうか，疑問に思っています。私は，その使い方が慎重に計画される限り，スマートフォンは役立つと信じています。スマートフォンは，授業中，学びを増進するさまざまな活動を支援することができます。その例の中には，プロジェクトのための調査をしたり，自分の学びを他の人と共有したりすることが含まれます。また，もう一つの利点は，生徒たちにデバイスを与える必要がなく，彼らが自分のスマートフォンを使えるということです！　学校は，生徒の強力なコンピューティングデバイスをフルに活用すべきなのです。

著者B（心理学者）

スマートフォンが生徒の学習を促すというのは，広く知られている意見です。しかし，多くの人に信じられているからと言って，ある意見が正しいとは限りません。最近の研究では，高校生が授業中にスマートフォンを使うことを許されると，学習に集中できなくなることがわかりました。実際，生徒は自分のスマートフォンを使っていなくても，クラスメートがスマートフォンを使っているのを見て気が散ってしまうのです。明らかなのは，学校が教室をスマートフォンの干渉から逃れられる場所にすべきであるということです。

著者C（保護者）

最近，私は高校生の息子にスマートフォンを買い与えました。というのも，彼の学校は私たちの町から離れたところにあるためです。息子はいつも朝早くに家を出て，夕方遅くに帰ってきます。今は，困ったことがあれば，私に連絡したり，

必要な情報にアクセスしたりすることができています。その一方で，私は息子がスマートフォンを見ながら歩いている姿を時々見かけます。息子は気をつけないと事故にあいかねません。一般的に，高校生はスマートフォンがあればより安全だと思いますが，やはり親がリスクを認識する必要があります。また，息子が授業中にスマートフォンをどのように使っているのかも気になります。

著者D（高校生）

学校では，私たちは授業中に自分のスマートフォンを使うことが許されています。ほとんどの生徒がスマートフォンを持っているので，学校が私たちにその使用を許可するのは理にかなっていると思います。授業中には，スマートフォンの外国語学習アプリを活用していますが，これが私には本当に役に立っています。私は以前より勉強に興味を持つようになり，テストの点数も上がりました。ただ，先日，私が授業中にオンラインのマンガを読んでいるのを先生が見つけて，私は先生に怒られました。たまにこういうこともありますが，全体的にスマートフォンのおかげで私の学習は向上しました。

著者E（学校長）

私の学校では，教師は当初，スマートフォンに懐疑的でした。というのも，生徒が授業中に友人と交流するためにスマートフォンを使うと彼らは考えていたためです。そのため，私たちはスマートフォンを禁止していました。しかし，より多くの教育用アプリが利用できるようになると，私たちはスマートフォンを教室で学習支援として活用できるのではないかと考えるようになりました。昨年，私たちは授業でのスマートフォンの利用を認めることにしました。しかし，残念ながら私たちが望むような結果は得られませんでした。スマートフォンの使用ルールを決め，生徒がそれを守らない限り，スマートフォンは生徒の気を散らしてしまうとわかったのです。しかし，これを言うは易く，行うは難しでした。

問1　正解は②

「著者AもDもともに　1　と言及している」

著者Aの第5文（Another advantage is …）「もう一つの利点は，生徒たちにデバイスを与える必要がなく，彼らが自分のスマートフォンを使えるということです」と，著者Dの第2文（It makes sense …）「学校が私たちにスマートフォンを使うことを許可するのは理にかなっている。というのも大半の生徒たちはスマートフォンを持っているからだ」から，ほとんどの生徒はスマートフォンを持っていると考えられる。よって，②「スマートフォンを教育用ツールとして用いる一つの理由は，ほとんどの生徒が持っていることである」が正しい。

① 「スマートフォンの学習用アプリは，生徒が試験でより良い成績を収めるのに役立つ」

③ 「学校でも家庭でも，学習のための活動を支援するためにスマートフォンを使うことができる」

④ 「スマートフォンがあれば，生徒はクラスメートと自分の考えを共有できる」

問2　正解は②

「著者Bは　2　ということを含意している」

著者Bの第1・2文（It is a … an opinion correct.）に「スマートフォンが生徒の学習を促せるというのは広く知られている意見である。だが，多くの人々に信じられているからと言って，ある意見が正しいとは限らない」とあり，第3文（A recent …）では最近の研究結果を踏まえて実情を述べている。スマートフォンは生徒の学習を促すと広く言われているものの，実際にはそうではないという論旨になっていることから判断する。よって，② 「時に，一般的に信じられていることが，調査によって明らかにされた事実と異なることがある」が正しい。

① 「デジタル機器から離れる時間があると，生徒の学習意欲が低下する」

③ 「スマートフォンを持っていない生徒は，自分のことを，学ぶのがより上手な人だと考える可能性が高い」

④ 「教室は，生徒が教師の干渉を受けずに学習できる場であるべきだ」

訳　［ステップ2］一つの立場をとる

問3　さて，あなたはさまざまな考え方を理解して，授業での高校生のスマートフォン使用についての立場を決め，それを以下のように書き出した。　3　　4　　5　を埋めるのに最も適当な選択肢を選びなさい。

あなたの立場：高校生は授業中にスマートフォンの使用を許可されるべきではない。

● 著者　3　と　4　はあなたの立場を支持する

● 二人の著者の主な主張：　5

問3　3　4　正解は②・⑤（順不同）

「著者　3　と　4　はあなたの立場を支持する」

「高校生は授業中にスマートフォンを使うことを許されるべきではない」という意見に合致するのはBとEである。Bは最終文（It is clear …）で「明らかなのは，学校が教室をスマートフォンの干渉から逃れられる場所にすべきであるということです」と述べ，Eは第6文（We found that …）で「スマートフォンの使用ルー

ルを決め，生徒がそれを守らない限り，スマートフォンは生徒の気を散らしてしまうとわかったのです」と述べていることから判断する。

問3　┌5┐　正解は④

「二人の著者の主な主張：┌5┐」

Bの第4文（In fact, …）に「実際，生徒は自分のスマートフォンを使っていなくても，クラスメートがスマートフォンを使っているのを見て気が散ってしまうのです」とあり，Eの第6文（We found that …）でもスマートフォンが生徒の気を散らすことに言及していることから判断する。よって，④「授業中にスマートフォンを利用できると，生徒は勉強に集中できない」が正しい。

①「授業中のスマートフォンの利用のための現実的なルールを決めるのは学校の教師には難しい」

②「スマートフォンは教育アプリが使いにくいため，学習を妨げる可能性がある」

③「スマートフォンはコミュニケーションのために作られたものであり，教室での学習のためのものではない」

訳　［ステップ3］資料A，Bを使ってアウトラインを作成する

エッセイのアウトライン：

> ### 授業中にスマートフォンを使うのはいい考えではない
>
> **導入**
> スマートフォンは現代の必需品になったが，生徒は授業中のスマートフォンの使用を禁止されるべきだ。
>
> **本文**
> 理由1：［ステップ2より］
> 理由2：［資料Aに基づく］ ………┌6┐
> 理由3：［資料Bに基づく］ ………┌7┐
>
> **結論**
> 高校は，生徒に対して授業中のスマートフォンの使用を許可するべきではない。

資料A
モバイルデバイスは，学習に有利な点を提供してくれる。たとえば，ある研究が示したところによると，大学生がインタラクティブなモバイルアプリを使用した

場合，デジタル教科書を使用した場合と比較して，心理学をよりよく学習できた
とされる。情報は同じでも，3D画像などのアプリの追加的な特徴が，学生の
学習を高めたのだ。しかし，デジタル機器が必ずしもすべて同じように効果的だ
とは限らないことに留意することが重要である。別のある研究では，スマートフ
ォンよりもラップトップコンピュータを使ったほうが，画面サイズが大きいため，
生徒はよりうまく内容を理解するということがわかった。学校は，生徒の学習を
最大化するような種類のデジタル機器を選択しなければならず，学校は生徒に自
分のスマートフォンを使わせるのではなく，コンピュータやタブレットを提供す
べきだという強い主張もある。もし，同じアプリがインストールされたパソコン
やタブレットがすべての生徒に提供されれば，技術的な問題も少なくなり，教師
も授業を行いやすくなるであろう。また，これによって，スマートフォンを持っ
ていない生徒も，すべての授業活動に参加することができる。

資料B

米国で行われたある調査によると，多くのティーンエイジャーがスマートフォン
中毒になっていることが判明した。この調査は，13歳から18歳までの約1,000
人の生徒を対象に行われた。以下のグラフは，スマートフォンの使用に関する記
述に同意した生徒の割合を示している。

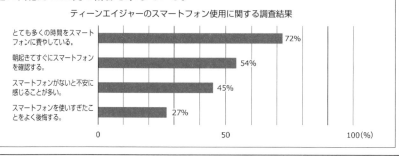

ティーンエイジャーのスマートフォン使用に関する調査結果

問4　　6　　正解は②

「資料Aに基づくと，理由2として最も適切なものはどれか」

資料Aの第4・5文（It is important … screen size.）「しかし，デジタル機器が
必ずしもすべて同じように効果的だとは限らないことに留意することが重要である。
別のある研究では，スマートフォンよりもラップトップコンピュータを使ったほう
が，画面サイズが大きいため，生徒はよりうまく内容を理解するということがわか
った」から判断する。デジタル機器は効果的だが，スマートフォンよりもラップト
ップコンピュータのほうが優れていたという内容である。**「ある種のデジタル機器**

は教育効果を高めるが，スマートフォンは最善とは言えない」と述べる②が正解。

① 「３Ｄ画像を表示するアプリは学習に欠かせないが，すべての生徒がスマートフォンにそのようなアプリを入れているわけではない」

③ 「生徒はスマートフォンだけでなく，他のデバイスでもデジタルスキルを身につけ，大学進学に備えるべきだ」

④ 「心理学の研究ではデジタルデバイスが学習に良い影響を与えることは示されなかったので，教科書にこだわるべきだ」

問5　　7　　正解は②

「理由３に，あなたは『若い生徒はスマートフォン中毒の危険に直面している』と書くことに決めた。資料Ｂに基づき，この文章を最もよく裏付ける選択肢はどれか」

資料Ｂのグラフによると，スマートフォンに時間を費やしすぎると感じる割合が72％，起床後すぐにスマートフォンを確認する割合が54％とあることから判断する。よって，②「ティーンエイジャーの４人のうち３人近くがスマートフォンに時間をあまりにも多く費やしている。実際，50％を超える人が起床後すぐに自分のスマートフォンをチェックしている。多くのティーンエイジャーが，スマートフォンを使うことにあらがえないのだ」が正解。

① 「ティーンエイジャーの半数以上がスマートフォンを使いすぎていると回答しているが，実際にそのことについて後悔している人は４分の１にも満たない。これは，依存の問題への無自覚を示していると思われる」　グラフでは，後悔しているのは27％で，４分の１（25％）以上であるから不正解。

③ 「ティーンエイジャーの70％を超える人が，スマートフォンにあまりにも多くの時間を費やしていると考えており，半数を超える人が，スマートフォンがないと不安だと感じている。この種の依存は，彼らの日常生活に悪影響を及ぼす可能性がある」　不安を感じるのは45％なので，半数（50％）を超えていない。

④ 「ティーンエイジャーは常にスマートフォンを使っている。実際，４分の３を超える人が自分のスマートフォンを使いすぎていると認めている。彼らの暮らしは朝から晩までスマートフォンに支配されている」　使いすぎているという回答をしたのは前述の通り，72％であるから，４分の３（75％）を超えていない。

　2025年度から導入される可能性のある問題形式。過去のセンター試験・共通テストの問題形式の中で最も複雑な形式の問題と言える。レポートを書く準備のために，STEP １で５人の意見を整理し，STEP ２で自分の意見とのつながりを考え，STEP ３でさらに複数の資料を見て設問に解答するという連動型の問題で，正確かつスピーディーな対応が求められる。

POINT

第4章

第5章

総合問題

アプローチ

　ここまで，第1〜4章において，次のようなことを演習してきました。

第1章：情報を選び出す／言い換えを見抜く

　設問の指示に従って，本文から必要な情報を選び出し，言い換えられた選択肢を見抜く力が求められる問題を解きました。選択肢と本文を見比べつつ，必要な情報を素早く読み取る練習を積みました。

第2章：つながりを理解する

　表現の言い換えや論理的な関係，時系列での情報の把握に着目して前後のつながりを理解できているかを問う問題を解き，文章が長くなったときにも流れを理解できる練習を積みました。

第3章：推測する／事実と意見を区別する

　本文中ではっきりとは示されていない情報を推測する力が求められる問題を解き，文章における次の展開を予測する練習を積みました。それから，事実と個人的な意見を区別する力が求められる問題を解き，大学に入学した後も通用する力をつけました。

第4章：複数の資料の関連性を理解する

　複数の資料の情報を正確に読み取る力が求められる問題を解き，選択肢と本文の対応を考えながら，効率的に解答する練習を積みました。

　この章では，これまで演習してきたことすべてを生かして，「総合問題」に挑戦してみましょう。

演習問題

 37 Your English teacher has given you this article to read to prepare for a class debate.

When I was in elementary school, my favorite time at school was when I talked and ran around with my friends during recess, the long break after lunch. Recently, I learned that some elementary schools in the US have changed the timing of recess to before lunch. In 2001, less than 5% of elementary schools had recess before lunch. By 2012, more than one-third of schools had changed to this new system. Surveys were conducted to find out more about this change. Here are the results.

It's good to have recess before lunch because:

- Students get hungrier and want to eat.
- Students don't rush meals to play outside after lunch.
- Students are calmer and focus better in the afternoon.
- Less food is wasted.
- Fewer students say they have headaches or stomachaches.
- Fewer students visit the school nurse.

However, there are some challenges to having recess before lunch:

- Students may forget to wash their hands before eating.
- Students may get too hungry as lunch time is later.
- Schools will have to change their timetables.
- Teachers and staff will have to alter their schedules.

This is an interesting idea and more schools need to consider it. As a child, I remember being very hungry before lunch. You might say having lunch later is not practical. However, some say schools can offer a small healthy morning snack. Having food more often is better for students' health, too. What about washing hands? Well, why not make it part of the schedule?

第5章

問1 Which question are you debating? In schools, should ☐ ?

① break be made shorter
② food waste be reduced
③ lunches be made healthier
④ recess be rescheduled

問2 One advantage of having recess before lunch is: Students ☐ .

① do not need morning snacks
② have a longer break
③ study more peacefully
④ wash their hands better

問3 One concern with having recess before lunch is: ☐ .

① Schools may need more school nurses
② Schools may need to make new schedules
③ Students may spend more time inside
④ Students may waste more food

問4 Which of the following problems could be solved by the author's suggestion?

① School schedules will need changing.
② School staff will have to eat later.
③ Students will be less likely to wash their hands.
④ Students will leave their lunch uneaten.

問5　In the author's opinion, more schools should help students [　　].

① adopt better eating habits
② enjoy eating lunch earlier
③ not visit the school nurse
④ not worry about changes in the timetable

〔2022 年度追試験　第 2 問 B〕

38 You are going to give a talk on a person you would like to have interviewed if they were still alive. Read the following passage about the person you have chosen and complete your notes.

Vivian Maier

This is the story of an American street photographer who kept her passion for taking pictures secret until her death. She lived her life as a caregiver, and if it had not been for the sale of her belongings at an auction house, her incredible work might never have been discovered.

It was 2007. A Chicago auction house was selling off the belongings of an old woman named Vivian Maier. She had stopped paying storage fees, and so the company decided to sell her things. Her belongings—mainly old photographs and negatives—were sold to three buyers: Maloof, Slattery, and Prow.

Slattery thought Vivian's work was interesting so he published her photographs on a photo-sharing website in July 2008. The photographs received little attention. Then, in October, Maloof linked his blog to his selection of Vivian's photographs, and right away, thousands of people were viewing them. Maloof had found Vivian Maier's name with the prints, but he was unable to discover anything about her. Then an Internet search led him to a 2009 newspaper article about her death. Maloof used this information to discover more about Vivian's life, and it was the combination of Vivian's mysterious life story and her photographs that grabbed everyone's attention.

第 5 章

"film negative"

"printed image"

Details of Vivian's life are limited for two reasons. First, since no one had interviewed her while she was alive, no one knew why she took so many photographs. Second, it is clear from interviews with the family she worked for that Vivian was a very private person. She had few friends. Besides, she had kept her hobby a secret.

Vivian was born in 1926 in the United States to an Austrian father and a French mother. The marriage was not a happy one, and it seems her mother and father lived apart for several years. During her childhood Vivian frequently moved between the US and France, sometimes living in France, and sometimes in the US. For a while, Vivian and her mother lived in New York with Jeanne Bertrand, a successful photographer. It is believed that Vivian became interested in photography as a young adult, as her first photos were taken in France in the late 1940s using a very simple camera. She returned to New York in 1951, and in 1956 she moved to Chicago to work as a caregiver for the Gensburg family. This job gave her more free time for taking photographs.

In 1952, at the age of 26, she purchased her first 6 × 6 camera, and it was with this that most of her photographs of life on the streets of Chicago were taken. For over 30 years she took photos of children, the elderly, the rich, and the poor. Some people were not even aware that their picture was being taken.

She also took a number of self-portraits. Some were reflections of herself in a shop window. Others were of her own shadow. Vivian continued to document Chicago life until the early 1970s, when she changed to a new style of photography.

An international award-winning documentary film called *Finding Vivian Maier* brought interest in her work to a wider audience. The film led to exhibitions in Europe and the US. To choose the photographs that best represent her style, those in charge of the exhibitions have tried to answer the question, "What would Vivian Maier have printed?" In order to answer this question, they used her notes, the photos she actually did print, and information about her preferences as reported by the Gensburgs. Vivian was much more interested in capturing moments rather than the outcome. So, one could say the mystery behind Vivian's work remains largely "undeveloped."

第5章

Presentation notes:

Vivian Maier

Vivian the photographer

☆　She took many pictures while she was working as a caregiver.

☆　Nobody interviewed her while she was alive, so we do not know much about her.

☆　| 1 |

Vivian's work

☆　Her photographs mainly concentrated on:
　・the young and old, and the rich and poor
　・| 2 |
　・| 3 |

How her work gained recognition

☆　Vivian's storage fees were not paid.

☆　| 4 |

☆　| 5 |

☆　| 6 |

☆　| 7 |

☆　The combining of information on her life and work increased people's interest.

How her work became known worldwide

☆　An award-winning documentary film about her life and work helped capture a new audience.

☆　| 8 |

The 'BIG' unanswered question: | 9 |

問1　Choose the best statement for 　1　.

① Her work remained undiscovered until it was sold at auction.
② She is thought to have become attracted to photography in her thirties.
③ She took her camera wherever she went and showed her pictures to others.
④ The majority of her photos were taken in New York.

問2　Choose the two best items for 　2　 and 　3　. (The order does not matter.)

① documentary-style pictures
② industrial landscapes
③ natural landscapes
④ pictures of herself
⑤ shop windows

問3　Put the following events into the order in which they happened. 　4　 ～ 　7　

① A buyer linked his blog to some of her pictures.
② A report on Vivian's death was published in a newspaper.
③ An auction company started selling her old photographs and negatives.
④ Her work was published on the Internet.

問4　Choose the best statement for 　8　.

① Exhibitions of her work have been held in different parts of the world.
② Her photography book featuring street scenes won an award.
③ She left detailed instructions on how her photographs should be treated.
④ The children of Vivian's employers provided their photographs.

第5章

問 5　Choose the best question for ☐ 9 ☐.

① "What type of camera did she use for taking photos?"
② "Where did she keep all her negatives and prints?"
③ "Why did she leave New York to become a caregiver?"
④ "Why did she take so many photos without showing them to anyone?"

〔2021 年度本試験（第 2 日程）　第 5 問〕

39 You are applying for a scholarship to attend an international summer program. As part of the application process, you need to make a presentation about a famous person from another country. Complete your presentation slides based on the article below.

During his 87 years of life, both above and below the waves, Jacques Cousteau did many great things. He was an officer in the French navy, an explorer, an environmentalist, a filmmaker, a scientist, an author, and a researcher who studied all forms of underwater life.

Born in France in 1910, he went to school in Paris and then entered the French naval academy in 1930. After graduating in 1933, he was training to become a pilot, when he was involved in a car accident and was badly injured. This put an end to his flying career. To help recover from his injuries, Cousteau began swimming in the Mediterranean, which increased his interest in life underwater. Around this time, he carried out his first underwater research. Cousteau remained in the navy until 1949, even though he could no longer follow his dream of becoming a pilot.

In the 1940s, Cousteau became friends with Marcel Ichac, who lived in the same village. Both men shared a desire to explore unknown and difficult-to-reach places. For Ichac this was mountain peaks, and for Cousteau it was the mysterious world under the sea. In 1943, these two neighbors became widely recognized when they won a prize for the first French underwater documentary.

Their documentary, *18 Meters Deep*, had been filmed the previous year without breathing equipment. After their success they went on to make another film, *Shipwrecks*, using one of the very first underwater breathing devices, known as the Aqua-Lung. While filming *Shipwrecks*, Cousteau was not satisfied with how long he could breathe underwater, and made improvements to its design. His improved equipment enabled him to explore the wreck of the Roman ship, the *Mahdia*, in 1948.

Cousteau was always watching the ocean, even from age four when he first learned how to swim. In his book, *The Silent World*, published in 1953, he describes a group of dolphins following his boat. He had long suspected that dolphins used echolocation (navigating with sound waves), so he decided to try an experiment. Cousteau changed direction by a few degrees so that the boat wasn't following the best course, according to his underwater maps. The dolphins followed for a few minutes, but then changed back to their original course. Seeing this, Cousteau confirmed his prediction about their ability, even though human use of echolocation was still relatively new.

Throughout his life, Cousteau's work would continue to be recognized internationally. He had the ability to capture the beauty of the world below the surface of the ocean with cameras, and he shared the images with ordinary people through his many publications. For this he was awarded the Special Gold Medal by *National Geographic* in 1961. Later, his lifelong passion for environmental work would help educate people on the necessity of protecting the ocean and aquatic life. For this he was honored in 1977 with the United Nations International Environment Prize.

Jacques Cousteau's life has inspired writers, filmmakers, and even musicians. In 2010, Brad Matsen published *Jacques Cousteau: The Sea King*. This was followed by the film *The Odyssey* in 2016, which shows his time as the captain of the research boat *Calypso*. When Cousteau was at the peak of his career, the American musician John Denver used the research boat as the title for a piece on his album *Windsong*.

Cousteau himself produced more than 50 books and 120 television documentaries. His first documentary series, *The Undersea World of Jacques Cousteau*, ran for ten years. His style of presentation made these programs very popular, and a second documentary series, *The Cousteau Odyssey*, was aired for another five years. Thanks to the life and work of Jacques Cousteau, we have a better understanding of what is going on under the waves.

Your presentation slides:

Jacques Cousteau
— 1 —

International Summer
Program Presentation

1

Early Career（before 1940）

- Graduated from the naval academy

- 2

- Started to conduct underwater research

- Continued working in the navy

2

In the 1940s

Desired to reveal the underwater world

3

4

5

6

3

Some Major Works

Title	Description
18 Meters Deep	An early prize-winning documentary
7 (A)	A book mentioning his scientific experiment
(B)	A documentary series that lasted a decade

4

Contributions

- Developed diving equipment
- Confirmed dolphins use echolocation
- Made attractive documentaries about aquatic life
- 8
- 9

5

問1　Which is the best subtitle for your presentation? ☐ 1 ☐

① Capturing the Beauty of Nature in Photographs
② Discovering the Mysteries of Intelligent Creatures
③ Exploring the Top and Bottom of the World
④ Making the Unknown Undersea World Known

問2　Choose the best option to complete the **Early Career (before 1940)** slide. ☐ 2 ☐

① Developed underwater breathing equipment
② Forced to give up his dream of becoming a pilot
③ Shifted his focus from the ocean to the air
④ Suffered severe injuries while underwater

問3　Choose **four** out of the five events (①～⑤) in the order they happened to complete the **In the 1940s** slide.
☐ 3 ☐ → ☐ 4 ☐ → ☐ 5 ☐ → ☐ 6 ☐

① Dived to the *Mahdia* using improved equipment
② Filmed a documentary without breathing equipment
③ Helped one of his neighbors explore high places
④ Left the French navy
⑤ Won an award and became famous

問4　Choose the best combination to complete the **Some Major Works** slide.
☐ 7 ☐

	(A)	(B)
①	*Shipwrecks*	*The Cousteau Odyssey*
②	*Shipwrecks*	*The Undersea World of Jacques Cousteau*
③	*The Silent World*	*The Cousteau Odyssey*
④	*The Silent World*	*The Undersea World of Jacques Cousteau*

問5 Choose two achievements to complete the **Contributions** slide. (The order does not matter.) ⎡ 8 ⎤ · ⎡ 9 ⎤

① Built a TV station to broadcast documentarics about marine life
② Encouraged people to protect the ocean environment
③ Established prizes to honor innovative aquatic filmmaking
④ Produced many beautiful images of the underwater world
⑤ Trained pilots and researchers in the French navy

〔2022 年度追試験　第 5 問〕

第
5
章

☐ **40** You are an exchange student in the United States and you have joined
☐ the school's drama club. You are reading an American online arts
magazine article to get some ideas to help improve the club.

Recent Changes at the Royal Shakespeare Company

By John Smith

Feb. 20, 2020

We are all different. While most people recognize that the world is made up of a wide variety of people, diversity—showing and accepting our differences—is often not reflected in performing arts organizations. For this reason, there is an increasing demand for movies and plays to better represent people from various backgrounds as well as those with disabilities. Arts Council England, in response to this demand, is encouraging all publicly funded arts organizations to make improvements in this area. One theater company responding positively is the Royal Shakespeare Company (RSC), which is one of the most influential theater companies in the world.

Based in Stratford-upon-Avon in the UK, the RSC produces plays by William Shakespeare and a number of other famous authors. These days, the RSC is focused on diversity in an attempt to represent all of UK society accurately. It works hard to balance the ethnic and social backgrounds, the genders, and the physical abilities of both performers and staff when hiring.

During the summer 2019 season, the RSC put on three of Shakespeare's comedies: *As You Like It, The Taming of the Shrew,* and *Measure for Measure.* Actors from all over the country were employed, forming a 27-member cast, reflecting the diverse ethnic, geographical, and cultural population of the UK today. To achieve gender balance for the entire season, half of all roles were given to male actors and half to female actors. The cast included three actors with disabilities (currently referred to as "differently-abled" actors)—one visually-impaired, one hearing-impaired, and one in a wheelchair.

Changes went beyond the hiring policy. The RSC actually rewrote parts of the plays to encourage the audience to reflect on male/female power relationships. For example, female and male roles were reversed. In *The Taming of the Shrew*, the role of "the daughter" in the original was transformed into "the son" and played by a male actor. In the same play, a male servant character was rewritten as a female servant. That role was played by Amy Trigg, a female actor who uses a wheelchair. Trigg said that she was excited to play the role and believed that the RSC's changes would have a large impact on other performing arts organizations. Excited by all the diversity, other members of the RSC expressed the same hope—that more arts organizations would be encouraged to follow in the RSC's footsteps.

The RSC's decision to reflect diversity in the summer 2019 season can be seen as a new model for arts organizations hoping to make their organizations inclusive. While there are some who are reluctant to accept diversity in classic plays, others welcome it with open arms. Although certain challenges remain, the RSC has earned its reputation as the face of progress.

第5章

問1　According to the article, the RSC ⬚ in the summer 2019 season.

  ① gave job opportunities to famous actors
  ② hired three differently-abled performers
  ③ looked for plays that included 27 characters
  ④ put on plays by Shakespeare and other authors

問2 The author of this article most likely mentions Amy Trigg because she
☐.

① performed well in one of the plays presented by the RSC
② struggled to be selected as a member of the RSC
③ was a good example of the RSC's efforts to be inclusive
④ was a role model for the members of the RSC

問3 You are summarizing this article for other club members. Which of the
following options best completes your summary?

[Summary]
The Royal Shakespeare Company (RSC) in the UK is making efforts to
reflect the population of UK society in its productions. In order to
achieve this, it has started to employ a balance of female and male actors
and staff with a variety of backgrounds and abilities. It has also made
changes to its plays. Consequently, the RSC has ☐.

① attracted many talented actors from all over the world
② completed the 2019 season without any objections
③ contributed to matching social expectations with actions
④ earned its reputation as a conservative theater company

問4 Your drama club agrees with the RSC's ideas. Based on these ideas,
your drama club might ☐.

① perform plays written by new international authors
② present classic plays with the original story
③ raise funds to buy wheelchairs for local people
④ remove gender stereotypes from its performances

〔2021年度本試験（第2日程） 第6問A〕

41 Your study group is learning about "false memories." One group member has made partial notes. Read this article to complete the notes for your next study meeting.

False Memories

What are memories? Most people imagine them to be something like video recordings of events in our minds. Whether it is a memory of love that we treasure or something more like failure that we fear, most of us believe our memories are a permanent record of what happened. We may agree that they get harder to recall as time goes on, but we think we remember the truth. Psychologists now tell us that this is not the case. Our memories can change or even be changed. They can move anywhere from slightly incorrect to absolutely false! According to well-known researcher Elizabeth Loftus, rather than being a complete, correct, unchanging recording, "Memory works a little bit more like a Wikipedia page." Anyone, including the original author, can edit the information.

Serious research investigating "false memories" is relatively new. Scholars Hyman and Billings worked with a group of college students. For this experiment, first, the students' parents sent stories about some eventful episodes from their child's youth to the interviewers. Using this family information, they interviewed each student twice. They mentioned some actual experiences from the person's childhood; but, for their experiment, they added a made-up story about an eventful wedding, encouraging the student to believe the fake wedding had really happened. The following two sections contain actual conversations from the interviews of one student. Missing words are indicated by "..."; author's comments by "( )."

Interviewer: I   Student: S

First Interview

I : ...looks like an eventful wedding...you were five years old...playing with some other kids...

(The interviewer, referring to the false event as if the information came from the student's parent, goes on to say that while playing with friends the student caused an accident and the bride's parents got all wet.)

S : I don't remember...that's pretty funny...

I : ...seems that would be kind of eventful...

S : ...a wedding. I wonder whose wedding...a wedding reception? I can totally see myself like running around with other kids...

I : You could see yourself doing that?

S : ...bumping into a table? Oh yeah, I would do that...maybe not a wedding... like a big picnic...

(The student is starting to believe that bumping into the table sounds familiar. As they finish, the student is asked to think over the conversation they had before the next session.)

Second Interview

(The interviewer has just asked about some real events from the student's childhood and once again returns to the wedding discussed in the previous session.)

I : The next one I have is an eventful wedding reception at age five.

S : Yeah, I thought about this one...

(The student goes on to describe the people he got wet.)

S : ...I picture him having a dark suit on...tall and big...square face...I see her in a light-colored dress...

(The student has new images in mind and can tell this story as if it were an actual memory.)

S : ...near a tree...drinks on the table...I bumped the glasses or something...

(This student then provides more information on the couple's clothing.)

The students participating in this experiment came to believe that the false experiences the interviewers planted were absolutely true. By the second interview some students thought everything previously discussed was based on information from their parents about real events. This suggests that, when talking about memories, word choice makes a big difference in responses. Certain words lead us to recall a situation differently. Because the interviewer mentioned an "eventful" wedding several times, the student started having a false memory of this wedding.

Since the time of Sigmund Freud, called "the father of modern psychology," mental therapy has asked people to think back to their childhood to understand their problems. In the late 20th century, people believed that recalling old memories was a good way to heal the mind, so there were exercises and interviewing techniques encouraging patients to imagine various old family situations. Now, we realize that such activities may lead to false memories because our memories are affected by many factors. It is not just what we remember, but when we remember, where we are when we remember, who is asking, and how they are asking. We may, therefore, believe something that comes from our imagination is actually true. Perhaps experts should start researching whether there is such a thing as "true memories."

Individual Differences and the Creation of False Childhood Memories, Memory, Volume 6, 1998-Issue 1 by Ira E. Hyman and F. James Billings Jr., Taylor & Francis Ltd.

Summary notes:

> ### FALSE MEMORIES
>
> #### Introduction
> - When she says "Memory works a little bit more like a Wikipedia page," Elizabeth Loftus means that memories ⬚1⬚.
>
> #### Research by Hyman & Billings
> - The first interview indicates that the student ⬚2⬚.
> - The results of their study suggest that ⬚3⬚ and ⬚4⬚.
>
> #### Conclusions
> People believe that memory is something exact, but our memories are affected by many things. While focusing on old events was a technique adapted to heal our minds, we must consider that ⬚5⬚.

問1　Choose the best option to complete statement ⬚ 1 ⬚.

① are an account of one's true experiences
② can be modified by oneself or others
③ may get harder to remember as time goes by
④ should be shared with others freely

問2　Choose the best option to complete statement ⬚ 2 ⬚.

① described all the wedding details to the interviewer
② knew about an accident at a wedding from childhood
③ was asked to create a false story about a wedding
④ was unsure about something the interviewer said

問3　Choose the two best statements for ⬚ 3 ⬚ and ⬚ 4 ⬚. (The order does not matter.)

① false events could be planted easily in young children's memories
② our confidence levels must be related to the truthfulness of our memories
③ people sometimes appear to recall things that never happened to them
④ planting false memories is frequently criticized by researchers
⑤ the phrases used to ask about memories affect the person's response
⑥ when a child experiences an eventful situation, it forms stable memories

問4　Choose the best option for ⬚ 5 ⬚ to complete **Conclusions**.

① asking about our memories will help us remember more clearly
② the technique focuses on who, what, when, where, and how
③ this mental therapy approach may be less helpful than we thought
④ we have to work on our ability to remember events more precisely

〔2022 年度追試験　第6問A〕

☐
42
☐　　You are one of a group of students making a poster presentation for a wellness fair at City Hall. Your group's title is *Promoting Better Oral Health in the Community.* You have been using the following passage to create the poster.

Oral Health: Looking into the Mirror

In recent years, governments around the world have been working to raise awareness about oral health. While many people have heard that brushing their teeth multiple times per day is a good habit, they most likely have not considered all the reasons why this is crucial. Simply stated, teeth are important. Teeth are required to pronounce words accurately. In fact, poor oral health can actually make it difficult to speak. An even more basic necessity is being able to chew well. Chewing breaks food down and makes it easier for the body to digest it. Proper chewing is also linked to the enjoyment of food. The average person has experienced the frustration of not being able to chew on one side after a dental procedure. A person with weak teeth may experience this disappointment all the time. In other words, oral health impacts people's quality of life.

While the basic functions of teeth are clear, many people do not realize that the mouth provides a mirror for the body. Research shows that good oral health is a clear sign of good general health. People with poor oral health are more likely to develop serious physical diseases. Ignoring recommended daily oral health routines can have negative effects on those already suffering from diseases. Conversely, practicing good oral health may even prevent disease. A strong, healthy body is often a reflection of a clean, well-maintained mouth.

Maintaining good oral health is a lifelong mission. The Finnish and US governments recommend that parents take their infants to the dentist before the baby turns one year old. Finland actually sends parents notices. New

第5章

Zealand offers free dental treatment to everyone up to age 18. The Japanese government promotes an 8020 (Eighty-Twenty) Campaign. As people age, they can lose teeth for various reasons. The goal of the campaign is still to have at least 20 teeth in the mouth on one's 80th birthday.

Taking a closer look at Japan, the Ministry of Health, Labour and Welfare has been analyzing survey data on the number of remaining teeth in seniors for many years. One researcher divided the oldest participants into four age groups: A (70-74), B (75-79), C (80-84), and D (85+). In each survey, with the exception of 1993, the percentages of people with at least 20 teeth were in A-B-C-D order from high to low. Between 1993 and 1999, however, Group A improved only about six percentage points, while the increase for B was slightly higher. In 1993, 25.5% in Group A had at least 20 teeth, but by 2016 the Group D percentage was actually 0.2 percentage points higher than Group A's initial figure. Group B increased steadily at first, but went up dramatically between 2005 and 2011. Thanks to better awareness, every group has improved significantly over the years.

Dentists have long recommended brushing after meals. People actively seeking excellent oral health may brush several times per day. Most brush their teeth before they go to sleep and then again at some time the following morning. Dentists also believe it is important to floss daily, using a special type of string to remove substances from between teeth. Another prevention method is for a dentist to seal the teeth using a plastic gel (sealant) that hardens around the tooth surface and prevents damage. Sealant is gaining popularity especially for use with children. This only takes one coating and prevents an amazing 80% of common dental problems.

Visiting the dentist annually or more frequently is key. As dental treatment sometimes causes pain, there are those who actively avoid seeing a dentist. However, it is important that people start viewing their dentist as an important ally who can, literally, make them smile throughout their lives.

Your presentation poster:

Promoting Better Oral Health in the Community

1. Importance of Teeth

A. Crucial to speak properly

B. Necessary to break down food

C. Helpful to enjoy food

D. Needed to make a good impression

E. Essential for good quality of life

2. [1]

Finland & the US: Recommendations for treatment before age 1

New Zealand: Free treatment for youth

Japan: 8020 (Eighty-Twenty) Campaign (see Figure 1)

[2]

Figure 1. The percentage of people with at least 20 teeth.

3. Helpful Advice

[3]

[4]

問1 Under the first poster heading, your group wants to express the importance of teeth as explained in the passage. Everyone agrees that one suggestion does not fit well. Which of the following should you **not** include?

① A
② B
③ C
④ D
⑤ E

問2 You have been asked to write the second heading for the poster. Which of the following is the most appropriate? ☐ 1 ☐

① National 8020 Programs Targeting Youth
② National Advertisements for Better Dental Treatment
③ National Efforts to Encourage Oral Care
④ National Systems Inviting Infants to the Dentist

問3 You want to show the results of the researcher's survey in Japan. Which of the following graphs is the most appropriate one for your poster? ☐ 2 ☐

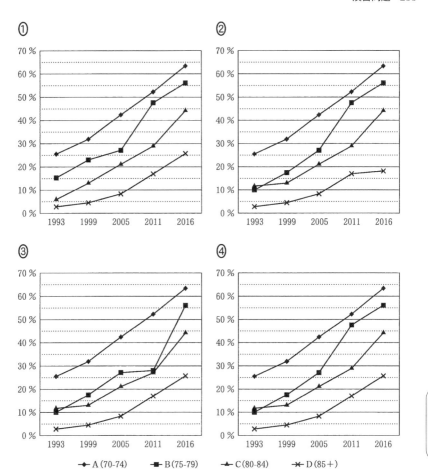

問4　Under the last poster heading, you want to add specific advice based on the passage. Which two of the following statements should you use? (The order does not matter.) 　3　・　4

① Brush your teeth before you eat breakfast.
② Check your teeth in the mirror every day.
③ Make at least one visit to the dentist a year.
④ Put plastic gel on your teeth frequently.
⑤ Use dental floss between your teeth daily.

〔2021年度本試験（第2日程）　第6問B〕

⬜ **43** You are in a student group preparing a poster for a presentation contest. You have been using the following passage to create the poster.

A Brief History of Units of Length

Since ancient times, people have measured things. Measuring helps humans say how long, far, big, or heavy something is with some kind of accuracy. While weight and volume are important for the exchange of food, it can be argued that one of the most useful measurements is length because it is needed to calculate area, which helps in the exchange, protection, and taxation of property.

Measuring systems would often be based on or related to the human body. One of the earliest known measuring systems was the cubit, which was created around the 3rd millennium BC in Egypt and Mesopotamia. One cubit was the length of a man's forearm from the elbow to the tip of the middle finger, which according to one royal standard was 524 millimeters (mm). In addition, the old Roman foot (296 mm), which probably came from the Egyptians, was based on a human foot.

A unit of measurement known as the yard probably originated in Britain after the Roman occupation and it is said to be based on the double cubit. Whatever its origin, there were several different yards in use in Britain. Each one was a different length until the 12th century when the yard was standardized as the length from King Henry I's nose to his thumb on his outstretched arm. But it was not until the 14th century that official documents described the yard as being divided into three equal parts — three feet — with one foot consisting of 12 inches. While this description helped standardize the inch and foot, it wasn't until the late 15th century, when King Henry VII distributed official metal samples of feet and yards, that people knew for certain their true length. Over the years, a number of small adjustments were made until the International Yard and Pound Agreement of 1959 finally defined the standard inch, foot, and yard as 25.4 mm, 304.8 mm, and 914.4 mm respectively.

The use of the human body as a standard from which to develop a measuring system was not unique to western cultures. The traditional Chinese unit of length called *chi* — now one-third of a meter — was originally defined as the length from the tip of the thumb to the outstretched tip of the middle finger, which was around 200 mm. However, over the years it increased in length and became known as the Chinese foot. Interestingly, the Japanese *shaku,* which was based on the *chi,* is almost the same as one standard foot. It is only 1.8 mm shorter.

The connection between the human body and measurement can also be found in sailing. The fathom (6 feet), the best-known unit for measuring the depth of the sea in the English-speaking world, was historically an ancient Greek measurement. It was not a very accurate measurement as it was based on the length of rope a sailor could extend from open arm to open arm. Like many other British and American units, it was also standardized in 1959.

The metric system, first described in 1668 and officially adopted by the French government in 1799, has now become the dominant measuring system worldwide. This system has slowly been adopted by many countries as either their standard measuring system or as an alternative to their traditional system. While the metric system is mainly used by the scientific, medical, and industrial professions, traditional commercial activities still continue to use local traditional measuring systems. For example, in Japan, window widths are measured in *ken* (6 *shaku*).

Once, an understanding of the relationship between different measures was only something traders and tax officials needed to know. However, now that international online shopping has spread around the world, we all need to know a little about other countries' measuring systems so that we know how much, or how little, of something we are buying.

Your presentation poster draft:

Different Cultures, Different Measurements

1. The purposes of common units

Standard units are used for:

A． calculating how much tax people should pay

B． commercial purposes

C． comparing parts of the human body

D． measuring amounts of food

E． protecting the property of individuals

2. Origins and history of units of length

1

2

3. Comparison of units of length

Figure 1. Comparison of major units of length

3

4. Units today

4

問1　When you were checking the statements under the first poster heading, everyone in the group agreed that one suggestion did not fit well. Which of the following should you **not** include?

① A
② B
③ C
④ D
⑤ E

問2　Under the second poster heading, you need to write statements concerning units of length. Choose the two below which are most accurate. (The order does not matter.)　 1 ・ 2

① Inch and meter were defined by the 1959 International Yard and Pound Agreement.
② The *chi* began as a unit related to a hand and gradually became longer over time.
③ The cubit is one of the oldest units based on the length of a man's foot.
④ The length of the current standard yard was standardized by King Henry Ⅶ.
⑤ The origin of the fathom was from the distance between a man's open arms.
⑥ The origin of the Roman foot can be traced back to Great Britain.

第5章

問3　Under the third poster heading, you want a graphic to visualize some of the units in the passage. Which graph best represents the different length of the units from short (at the top) to long (at the bottom)?　3

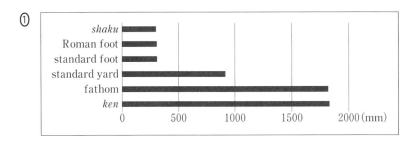

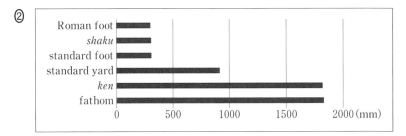

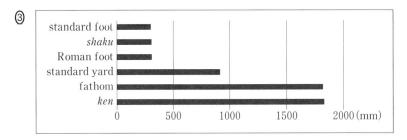

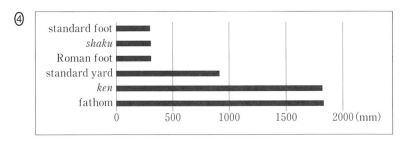

問4　Under the last poster heading, your group wants to add a statement about today's units based on the passage. Which of the following is the most appropriate?　| 4 |

① Although the metric system has become dominant worldwide, traditional measuring systems continue to play certain roles in local affairs.

② Science and medicine use traditional units today to maintain consistency despite the acceptance of a widespread standardized measurement system.

③ The increase in cross-border online shopping has made the metric system the world standard.

④ Today's units, such as the inch, foot, and yard, are based on the *chi*, whose origin is related to a part of the human body.

〔2022 年度追試験　第 6 問 B〕

第5章

解答解説

37 問 1　正解は④　　問 2　正解は③　　問 3　正解は②
　　　問 4　正解は③　　問 5　正解は①

訳　《学校の昼休みをいつとるべきか》
　あなたの英語の先生が，授業でのディベートの準備をするのに読んでおくべき次の記事をあなたに与えた。

小学生のとき，私が学校で好きだった時間は，昼食後の長い休憩時間である昼休みの間に，友達と話したり走り回ったりする時間だった。最近，アメリカの小学校の中には昼休みの時間を昼食前に変えたところもあることを知った。2001 年には，昼食前に昼休みをとるのは小学校の 5 パーセント足らずだった。2012 年までには，小学校の 3 分の 1 以上がこの新しい仕組みに変更していた。この変更についてさらに調べるために調査が行われた。以下がその結果である。

昼食前に昼休みをとるのが良い理由：
- そのほうが生徒たちはお腹が空いて，食欲が増す。
- 生徒たちは昼食後に外で遊ぼうとして食事を大急ぎで済ませない。
- そのほうが生徒たちは午後に落ち着いて集中力も高まる。
- 無駄になる食材が減る。
- 頭痛や腹痛を訴える生徒が少なくなる。
- 保健室に行く生徒が少なくなる。

しかし，昼食前に昼休みをとることには課題もある：
- 生徒たちは昼食前に手を洗うのを忘れるかもしれない。
- 昼食時間が遅いので，生徒たちはお腹が空きすぎるかもしれない。
- 学校は時間割を変更しなくてはならないだろう。
- 教師や職員はスケジュールを変更しなくてはならないだろう。

これは興味深い考えで，もっと多くの学校がそれを検討する必要がある。子どものとき，私は昼食前にとてもお腹が空いていたことを覚えている。昼食を遅くとるのは実際的ではないとあなたは言うかもしれない。しかし，学校がちょっとした健康的な朝の軽食を提供できると言う人もいる。食べる回数を増やすことは，生徒の健康にも良い。手を洗うことについてはどうだろうか？　さて，それをスケジュールに入れてはどうだろう？

語句・構文

▶ conduct「（業務・調査など）を行う」
▶ rush「～を急いでやる」
▶ challenge「課題，難問」
▶ What about ～?「～についてはどうしようか」
▶ Why not ～?「～してはどうか」

問1　正解は④

「あなたがディベートで論じるのはどの問題か。学校では□□□□べきか」

記事の書き出しから第2文（Recently, I learned …）に「アメリカの小学校の中には昼休みの時間を昼食前に変えたところもある」とあり，以降では，それに関する調査結果が示されている。記事全体としては，昼休みを昼食前にとるのか昼食後にとるのかについて述べられている。④**「昼休みのスケジュールを変える」**が正解。
① 「休憩を短くする」
② 「食材の無駄を減らす」
③ 「昼食をより健康的なものにする」

問2　正解は③

「昼休みを昼食前にとる利点の一つは，生徒たちが□□□□ことである」

「昼食前に昼休みをとるのが良い理由」（It's good to …）の3番目に「そのほうが生徒たちは午後に落ち着いて集中力も高まる」とあり，これが③**「より落ち着いて勉強する」**に相当する。
① 「朝の軽食を必要としない」
② 「より長い休憩がとれる」
④ 「もっとよく手を洗う」

問3　正解は②

「昼食前に昼休みをとることに関する懸念の一つは，□□□□ことである」

「しかし，昼食前に昼休みをとることには課題もある」（However, there are …）の3番目に「学校は時間割を変更しなくてはならないだろう」とある。これが②**「学校は新しいスケジュールを作成する必要があるかもしれない」**に相当する。
① 「学校に，もっと多くの養護教諭が必要になるかもしれない」
③ 「生徒たちは屋内で過ごす時間がもっと増えるかもしれない」
④ 「生徒たちはもっと多くの食材を無駄にするかもしれない」

問 4　正解は③

「筆者の提案で解決するかもしれない問題は次のどれか」

調査結果のあとの部分の最終 2 文（What about … of the schedule?）に「手を洗うことについてはどうだろうか？　さて，それをスケジュールに入れてはどうだろう？」とある。これは③**「生徒たちは手を洗う可能性が低くなるだろう」**に関する提案である。よって，解決される問題は③が正解。

① 「学校のスケジュールは変更を必要とするだろう」

② 「学校の職員は食事をとるのを遅くしなくてはならないだろう」

④ 「生徒たちは昼食を食べ残すだろう」

問 5　正解は①

「筆者の意見では，もっと多くの学校が，生徒が 　　　　 のを手助けすべきである」

調査結果のあとの部分の第 1 文（This is an …）に「これ（＝昼休みを昼食前にとること）は興味深い考えで，もっと多くの学校がそれを検討する必要がある」とある。これに対して考えられる懸念として，第 3 文（You might …）に「昼食を遅くとるのは実際的ではないとあなたは言うかもしれない」を挙げているが，続く第 4 文（However, some say …）で「しかし，学校がちょっとした健康的な朝の軽食を提供できると言う人もいる」とあり，さらに第 5 文（Having food more …）で「食べる回数を増やすことは，生徒の健康にも良い」としている。つまり，筆者は昼休みを昼食前にとることに賛成しており，昼休みの時間を考えることで，生徒がいつどのように食べるかを学校がより良いものにできると考えていると言える。①**「より良い食習慣を身につける」**が正解。

② 「昼食をもっと早い時間に食べることを楽しむ」

③ 「養護教諭のところへ行かない」

④ 「時間割の変更を気にしない」

38　問1　正解は①　　問2　正解は①・④（順不同）
　　問3　正解は③．④．①．②　　問4　正解は①　　問5　正解は④

訳　《謎多き写真家についての発表の準備》
　あなたは，もし今でも生きていればインタビューしてみたいと思う人物について発表する予定です。あなたが選んだ人物に関する以下の文章を読み，あなたのメモを完成させなさい。

ヴィヴィアン=マイヤー

［第1段］　これは，写真撮影への熱い思いを亡くなるまで隠していたアメリカ人ストリートフォトグラファーの物語である。彼女は介護者としての人生を歩んでおり，もし彼女の所有物がオークションハウスで売られることがなかったならば，彼女の素晴らしい作品は決して発見されなかったかもしれない。

［第2段］　それは2007年のことであった。シカゴにあるオークションハウスが，ヴィヴィアン=マイヤーという名前の年老いた女性の所有物を売却していた。彼女は倉庫保管料の支払いを停止していたので，その会社は彼女の所有物を売却することに決めた。彼女の所有物——主に古い写真やフィルムのネガ——が，マルーフ，スラッテリー，プローという3人のバイヤーに売却された。

［第3段］　ヴィヴィアンの作品は興味深いとスラッテリーは思ったので，2008年7月に彼女の写真を写真共有サイト上で公開した。それらの写真はほとんど注目を集めなかった。それから10月に，マルーフが，自らが選んだヴィヴィアンの写真へのリンクを自身のブログに貼ると，すぐに何千人もの人々がそれらの写真を閲覧した。その写真に関して，マルーフは写真にヴィヴィアン=マイヤーの名前を見つけていたが，彼女自身については何も発見することができなかった。それからインターネット検索によって，彼は彼女の死を報じる2009年の新聞記事にたどり着いた。マルーフはこの情報を，ヴィヴィアンの生涯についてより多くのことを知るために利用した。そして，ヴィヴィアンの謎めいた生涯と彼女の写真の組み合わせこそが，皆の注目を集めたのである。

［第4段］　ヴィヴィアンの生涯の細部について限られたことしかわかっていないのは，2つの理由による。第1に，彼女が生きている間にインタビューをした人はいなかったので，彼女がなぜこれほど多くの写真を撮ったのかを知る人はいなかった。第2に，ヴィヴィアンが介護者として働いた家族へのインタビューから，彼女が非常に内向的な人であったことが明らかになっている。彼女には友人がほとんどいなかった。それに加えて，彼女は自分の趣味を秘密にしていた。

［第5段］　ヴィヴィアンは1926年にアメリカ合衆国で，オーストリア人の父とフ

ランス人の母との間に生まれた。その結婚生活は幸せなものではなく，ヴィヴィアンの母親と父親は何年もの間別居したようだ。その子どもの頃にヴィヴィアンはアメリカとフランスとの間を頻繁に行き来し，時にはフランスで暮らし，時にはアメリカで暮らした。しばらくの間，ヴィヴィアンと母親はニューヨークで，成功した写真家であるジャンヌ=ベルトランと一緒に暮らした。ヴィヴィアンは青少年期に写真撮影に興味を持ったと思われているが，それは，彼女の最初の写真が1940年代後半に非常にシンプルなカメラを使ってフランスで撮られたからである。彼女は1951年にニューヨークに戻り，それから1956年にゲンスバーグ家の介護者として働くため，シカゴへ移った。この仕事は彼女に，写真撮影のためのより多くの自由な時間を与えた。

[第6段]　1952年，26歳のとき，彼女は最初の6×6 cm判のカメラを購入した。シカゴの路上の暮らしを撮った彼女の写真の大半を撮影したのは，このカメラであった。30年以上にわたって，彼女は子どもや高齢者や裕福な人々や貧しい人々の写真を撮った。自分の写真が撮られていることに気づくことさえなかった人もいた。彼女はまた，多数の自画像を撮った。その中には店の窓に映った自分の姿を撮影したものがあった。また，自分の影を撮影したものもあった。ヴィヴィアンがシカゴの暮らしを記録し続けたのは1970年代初期までであり，その頃に新しいスタイルの写真に変わった。

[第7段]　国際的な賞を受賞したドキュメンタリー映画である『ヴィヴィアン=マイヤーを探して』が，彼女の作品に対する関心をさらに多くの観衆にもたらした。その映画が公開された後に，ヨーロッパやアメリカで展覧会が開催された。彼女のスタイルを最もよく表す写真を選ぶために，展覧会の責任者は次の問いに答えようとした。「ヴィヴィアン=マイヤーだったら何を写真として残しただろうか？」　この問いに答えるために，彼らは彼女の書き置きや，彼女が実際にプリントした写真や，ゲンスバーグ家の人々から報告された彼女の好みに関する情報などを利用した。ヴィヴィアンは，結果ではなく，瞬間をとらえることにはるかに多くの興味を抱いていた。したがって，ヴィヴィアンの作品の背後に潜む謎は，その多くが「現像されない（明らかにされない）」ままであると言えるだろう。

「フィルムのネガ」

「プリントされた像」

プレゼンテーション用メモ：

ヴィヴィアン=マイヤー

写真家ヴィヴィアン

☆　彼女は介護者として働きながら多くの写真を撮影した。

☆　彼女が生きている間に彼女にインタビューした人はいなかったので，私たちは彼女に関してあまり多くのことを知らない。

☆　| 1 |

ヴィヴィアンの作品

☆　彼女の写真は主に次のようなものに焦点を合わせていた：
   ・若者や高齢者，裕福な人々や貧しい人々
   ・| 2 |
   ・| 3 |

彼女の作品がどのようにして人々に認められるようになったか

☆　ヴィヴィアンの所有物の倉庫保管料が払われなかった。

☆　| 4 |

☆　| 5 |

☆　| 6 |

☆　| 7 |

☆　彼女の生涯や作品についての情報が組み合わさって，人々の関心を高めた。

彼女の作品がどのようにして世界中に知られるようになったか

☆　彼女の生涯や作品に関する受賞歴のあるドキュメンタリー映画が，新たな観衆の獲得に役立った。

☆　| 8 |

まだ答えが出ていない「大きな」問題：| 9 |

第5章

語句・構文

[第1段]　▶ keep ～ secret「～を隠したままにする」
　　　　　▶ caregiver「介護者」
　　　　　▶ if it had not been for ～「～がなかったならば」
　　　　　▶ belongings「所持品」
　　　　　▶ work「(集合的に) 作品」

[第2段]　▶ storage fee「倉庫保管料」
　　　　　▶ negative「(フィルムの) ネガ」

[第3段]　▶ publish「～を公開する」
　　　　　▶ link A to B「A を B に結びつける」　ここでは「A に B へのリンクを貼る」の意。
　　　　　▶ right away「直ちに」

[第4段]　▶ besides「その上」

[第5段]　▶ as a young adult「青少年の頃に」　主に 10 代後半の時期を指す。

[第6段]　▶ it is with this that ～「～したのは, これを用いてである」　with this を強調する強調構文。
　　　　　▶ self-portrait「自画像」
　　　　　▶ reflection「映し出されたもの」
　　　　　▶ the early 1970s, when ～「1970 年代初期は～だった頃である」　when は関係副詞で,「1970 年代初期」がどのような時期かを説明する。

[第7段]　▶ bring interest in A to B「A への興味を B に持たせる」　bring O to B「O を B にもたらす」の O に interest in A「A への興味」を置いたもの。
　　　　　▶ lead to ～「～に至る」
　　　　　▶ exhibition「展覧会」
　　　　　▶ those in charge of ～「～の担当者, 責任者」
　　　　　▶ her preferences as reported by ～「～から報告された彼女の好み」　この as は「名詞限定の as」。A (名詞) as done「～されるような A (名詞)」
　　　　　▶ capture「～をつかまえる」
　　　　　▶ one could say ～「～と言えるだろう」
　　　　　▶ undeveloped「(フィルムが) 現像されていない」　ここでは「明らかにされていない」という意味を掛けている。

問1　1　正解は①

「　1　に入れる最も適切な文を選びなさい」

第1段第2文（She lived her …）の後半に「もし彼女の所有物がオークションハウスで売られることがなかったならば，彼女の素晴らしい作品は決して発見されなかったかもしれない」という仮定法過去完了の文があることから，実際にはオークションで彼女の所有物が売られたことがきっかけで，彼女の作品が発見されたと読み取れる。これを裏返した内容である①**「彼女の作品はオークションで販売されるまで発見されないままだった」**が正解。なお，②「彼女は30代の頃に写真撮影に引きつけられたと思われている」は第5段第5文（It is believed …）に「青少年期に写真撮影に興味を持ったと思われている」とあるのに反する。

③「彼女はどこへでもカメラを持っていき，その写真を他人に見せた」

④「彼女の写真の大部分はニューヨークで撮られた」

問2　2　3　正解は①・④（順不同）

「　2　と　3　に入れる最も適切な選択肢を2つ選びなさい（順序は問わない）」

ヴィヴィアンの写真が何に焦点を合わせていたかについて，すでにメモに挙がっている「若者や高齢者，裕福な人々や貧しい人々」以外のものが問われている。第6段第1文（In 1952, …）と第7文（Vivian continued to …）に，彼女がシカゴの生活の様子を撮影していたと書いてあるので，①**「ドキュメンタリー調の写真」**が正解。また，同段第4・5文（She also took … a shop window.）に「彼女はまた，多数の<u>自画像</u>を撮った。その中には店の窓に映った<u>自分</u>の姿を撮影したものがあった」と書かれているので，④**「自分自身の写真」**も正解。なお，店の窓そのものに焦点を合わせていたわけではないので⑤「店の窓」は不適である。

②「産業景観」　　　　　③「自然景観」

問3　4　5　6　7　正解は③，④，①，②

「以下の出来事を起こった順に並べなさい」

ヴィヴィアンが倉庫保管料の支払いを停止してから，彼女の生涯と作品が人々の関心を集めるまでの経緯が問われている。各選択肢の本文中の該当箇所と時期は次の通り。

①「バイヤーがブログに彼女の写真の一部へのリンクを貼った」　第3段第1・3文（Slattery thought Vivian's … / Then, in October, …）より，2008年10月とわかる。

②「ヴィヴィアンの死についての報道が新聞に載る」　第3段第5文（Then an Internet …）に，2009年とある。

第5章

③「オークション会社が彼女の古い写真とネガの販売を始めた」 第2段第1文（It
was 2007.）と第3・4文（She had stopped … Slattery, and Prow.）から，
2007年の出来事であることと，倉庫保管料の支払いを停止した後であることが
わかる。

④「彼女の作品はインターネット上に公開された」 第3段第1文（Slattery
thought Vivian's …）に，2008年7月とある。

以上から，③→④→①→②の順序が決まる。

問4　　8　　正解は①

「　8　に入れる最も適切な文を選びなさい」

ヴィヴィアンの作品が世界中に知られるようになったきっかけとして，ドキュメン
タリー映画以外の要因が問われている。第7段第2文（The film led …）に「そ
の映画が公開された後に，ヨーロッパやアメリカで展覧会が開催された」とあるの
で，この展覧会もまた，彼女の作品がヨーロッパやアメリカで知られる一つのきっ
かけであったと考えられる。したがって①**「彼女の作品の展覧会が世界のさまざま
な場所で開催された」**が正解。なお，②「路上の様子を特集した彼女の写真集が賞
を獲得した」は，賞を獲得したのは彼女を題材にしたドキュメンタリー映画なので，
不適。

③「彼女は自身の写真の取り扱い方について詳細な指示を残した」

④「ヴィヴィアンの雇用主の子どもたちが，自分たちの写真を提供した」

問5　　9　　正解は④

「　9　に入れる最も適切な問いを選びなさい」

ヴィヴィアンに関して，まだ答えが出ていないことは何であるかが問われている。
彼女に関する不明点について具体的に述べている記述は，第4段にある。第4段第
2文（First, since no …）に「彼女がなぜこれほど多くの写真を撮ったのかを知
る人はいなかった」とあり，さらに同段最終文（Besides, she had …）に「彼女
は自分の趣味を秘密にしていた」とある。これらの内容を1文にまとめた④**「なぜ
彼女はこれほど多くの写真を撮影し，誰にも見せなかったのか？」**が正解。

①「写真を撮るのにどのような種類のカメラを使用したのか？」

②「彼女はネガと写真をどこに保管していたのか？」

③「なぜ彼女は介護者になるためにニューヨークを去ったのか？」

| □ | **39** | 問1　正解は④ | 問2　正解は② | 問3　正解は②，⑤，①，④ |
| □ | | 問4　正解は④ | 問5　正解は②・④（順不同） | |

訳　《ジャック=クストーの生涯》

　あなたは国際的な夏期講座に参加するための奨学金を申請しているところである。申請手続きの一部として，外国の著名人についてのプレゼンテーションをする必要がある。下の記事をもとに，プレゼンテーション用のスライドを完成せよ。

[第1段]　87年の生涯で，ジャック=クストーは，波の上でも下でも偉大なことをたくさん成し遂げた。彼はフランス海軍の将校で，探検家，環境保護論者，映画監督，科学者，文筆家，そしてあらゆる種類の水生生物を調べた研究者であった。

[第2段]　1910年にフランスで生まれ，パリの学校に通い，その後1930年にフランス海軍兵学校に入学した。1933年に卒業したあと，パイロットになる訓練をしていたとき，彼は自動車事故に巻き込まれ，重傷を負った。これで彼のパイロットとしてのキャリアは終わってしまった。ケガからの回復を促進するために，クストーは地中海で泳ぎ始めたが，これで彼の水生生物への関心が高まったのだ。この頃，彼は初めての水中調査を行った。もうパイロットになるという夢を追いかけることはできなかったが，クストーは1949年まで海軍に残っていた。

[第3段]　1940年代に，クストーは同じ村に暮らしていたマルセル=イシャックと友達になった。2人は，未知の，たどり着くのが難しい場所を探検したいという気持ちを分かち合っていた。イシャックにとっては，これは山の頂上であり，クストーにとっては海中の神秘的な世界だった。1943年，この2人の隣人たちは，フランスで初めての水中ドキュメンタリーで賞をとって広く知られるようになった。

[第4段]　彼らのドキュメンタリー『水深18メートル』は，前年に呼吸装置なしで撮影された。この成功後，彼らはアクアラングとして知られている，まさに初めての水中呼吸装置の一つを使って，さらにもう一つの映画『難破船』を制作した。『難破船』を撮影中，クストーは水中で呼吸できる時間に満足できず，その呼吸装置の設計に改良を施した。改良した装置のおかげで，彼は1948年にローマ時代の難破船「マーディア号」を探検することができた。

[第5段]　クストーは，初めて泳ぎ方を覚えた4歳のときからすでに，ずっと海を観察していた。1953年に出版された彼の著書『沈黙の世界』では，イルカの一群が彼のボートについてくる様子を描写している。彼はずっと，イルカが反響定位（音波を使って航行すること）を使っているのではないかと思っていたので，実験をしてみることにした。クストーは，水中地図にしたがって，数度方向を変更して，ボートが最適なコースをたどらないようにした。イルカたちは，数分間あとをつい

てきたが，それから，もとのコースに戻って行った。これを見て，人間が反響定位を使うことさえまだ比較的新しいことではあったが，クストーはイルカの能力に関する自分の予測が正しいことを確認した。

［第6段］　生涯を通じて，クストーの活動は国際的に認められ続けた。彼は海面下の世界の美しさをカメラでとらえる能力があり，その画像を多くの出版物で一般の人たちに分け与えてくれた。このことで，彼は1961年に『ナショナルジオグラフィック』誌から特別金賞を授与された。のちに，生涯にわたる環境活動への彼の情熱が，海と水生生物を保護する必要性を人々に教える手助けとなった。このことで，彼は1977年に国連環境賞を贈られた。

［第7段］　ジャック＝クストーの生涯は，作家，映画制作者，そして音楽家にさえ刺激を与えた。2010年，ブラッド＝マトスンは『ジャック＝クストー：海の王』を出版した。これに続くのが2016年の映画『オデッセイ』で，クストーが調査船「カリプソ号」の船長だった時代を描いている。クストーがキャリアの頂点にいた時期には，アメリカの音楽家，ジョン＝デンバーが，自分のアルバム『ウィンドソング』の中の1曲のタイトルに，この調査船の名前を使った。

［第8段］　クスト—自身は，50を超える書籍と120を超えるテレビドキュメンタリーを生み出した。彼の最初のドキュメンタリーシリーズ『ジャック＝クスト—の海中世界』は10年も続いた。彼の紹介の形式は，こうした番組をとても人気のあるものにし，もう一つのドキュメンタリーシリーズ『クスト—のオデッセイ』は，もう5年放送された。ジャック＝クストーの人生と業績のおかげで，私たちは波の下で何が起きているのかをよりよく理解できるのである。

あなたのプレゼンテーション用のスライド：

ジャック=クストー
― 1 ―

国際夏期講座
プレゼンテーション　1

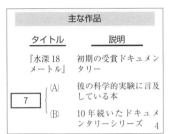

若い頃(1940年以前)

- 海軍兵学校を
卒業した
- 2
- 水中調査を
行い始めた
- 海軍での仕事を続けた　2

1940年代
水中の世界を解明したいと熱望していた

3
↓
4
↓
5
↓
6

3

主な作品

タイトル	説明
『水深18メートル』	初期の受賞ドキュメンタリー
7 (A)	彼の科学的実験に言及している本
(B)	10年続いたドキュメンタリーシリーズ

4

業績

- ダイビングの装備を改良した
- イルカが反響定位を使っていることを確認した
- 水中生物に関する魅力的なドキュメンタリーを制作した
- 8
- 9

5

第5章

語句・構文

[第1段]	▶ life「生涯，(集合的に)生物」
[第2段]	▶ put an end to ～「～を終わらせる」
[第4段]	▶ go on to *do*「続けて～する」
[第5段]	▶ confirm「～を確認する」
[第6段]	▶ aquatic「水生の，水中にすむ」
	▶ honor *A* with *B* for ～「～のことで*A*に*B*の栄誉を授ける」
[第7段]	▶ *A* is followed by *B*「*A*のあとに*B*が続く」
[第8段]	▶ a second ～「もう一つの～」 another とほぼ同意。

問1 　1　 正解は④

「あなたのプレゼンテーションに最も適したサブタイトルはどれか」

プレゼンテーションはジャック=クストーの生涯を扱ったもので，クストーの情熱は第3段第3文（For Ichac …）に「クストーにとって，それ（探検で目指すべき場所）は，海中の神秘的な世界だった」とあるとおり，海に向けられていた。それ以降でも，クストーの業績は，海の世界を広く人々に知らせる映画やドキュメンタリー，書籍であることが述べられている。④「未知の海中世界を知らせる」が正解。

①「自然の美を写真でとらえる」

②「知的生物の謎を解明する」

③「世界の頂点と底を探検する」

問2 　2　 正解は②

「『若い頃（1940年以前）』のスライドを完成するのに最適な選択肢を選べ」

第3段（In the 1940s, …）冒頭に「1940年代に」とあり，同段以下では1940年以降のことが述べられている。よって，その前の第2段を参照する。そこに述べられている事柄のうち，スライドの「若い頃（1940年以前）」の項目に挙がっていないのは，第2文（After graduating in 1933, …）の「自動車事故に巻き込まれて重傷を負った」という出来事。続く第3文（This put an …）に「これで彼のパイロットとしてのキャリアは終わった」とあるので，②「パイロットになるという夢をあきらめざるをえなかった」が正解。

①「水中で呼吸する装置を改良した」

③「関心の焦点を海から空へと移した」

④「海に潜っている間に重傷を負った」

問3 　3　　4　　5　　6　 正解は②，⑤，①，④

「『1940年代』のスライドを完成するために，5つの出来事（①～⑤）から起きた順に4つを選べ」

第3段最終文（In 1943, …）に「1943年に，フランス初の水中ドキュメンタリーで受賞し，広く知られるようになった」とある。⑤「賞を受賞し有名になった」のは1943年のことである。また，第4段第1文（Their documentary, …）に「そのドキュメンタリーは前年に呼吸装置なしで撮影された」とあるので，②「呼吸装置なしでドキュメンタリーを撮影した」のは，1943年の前年で，1942年である。よって②→⑤の順になる。これに続いて，第4段最終文（His improved equipment …）に「改良した装置で，1948年にローマ時代の難破船『マーディア号』を探検できた」とあり，これが①「改良された装置を使って『マーディア号』まで潜った」に相当する。第2段最終文（Cousteau remained …）には「クスト

ーは 1949 年まで海軍に残っていた」とあり，④「フランス海軍を離れた」がこれ
に対応する。①は 1948 年，④が 1949 年である。
全体で，②→⑤→①→④の順になる。
③「隣人の一人が高所を探検するのを手助けした」についての言及はない。

問4　　7　　正解は④
「『主な作品』のスライドを完成するのに最適な組み合わせを選べ」
(A)の「説明」は「彼の科学的実験に言及している本」となっている。第5段第3文
(He had long suspected …) に「イルカに関して実験をしてみることにした」と
あり，同段第2文 (In his book, …) より，イルカのことは『沈黙の世界』で述べ
られていることがわかる。(B)の「説明」は「10 年続いたドキュメンタリーシリー
ズ」となっている。第8段第2文 (His first documentary …) に「彼の最初のド
キュメンタリーシリーズである『ジャック゠クストーの海中世界』は 10 年続いた」
とある。④「(A)『沈黙の世界』，(B)『ジャック゠クストーの海中世界』」が正解。
①「(A)『難破船』，(B)『クストーのオデッセイ』」
②「(A)『難破船』，(B)『ジャック゠クストーの海中世界』」
③「(A)『沈黙の世界』，(B)『クストーのオデッセイ』」

問5　　8　　9　　正解は②・④（順不同）
「『業績』のスライドを完成するのに，2つの業績を選べ（順序は問わない）」
第6段第2文 (He had the ability …) に「彼は海面下の世界の美しさをカメラで
とらえる能力があり，その画像を多くの出版物で一般の人たちに分け与えてくれ
た」とあり，これが④「海中世界の美しい画像をたくさん生み出した」に相当する。
同段第4文 (Later, his lifelong passion …) に「生涯にわたる環境活動への彼の
情熱が，海と水生生物を保護する必要性を人々に教える手助けとなった」とあり，
これが②「人々が海洋環境を保護するように促した」に相当する。
①「海洋生物に関するドキュメンタリーを放送するためにテレビ局を作った」
③「革新的な水中映画撮影に栄誉を与える賞を設立した」
⑤「フランス海軍でパイロットと研究者を訓練した」

　　問3では本文の内容をもとに出来事を時系列に並べることが求められているが，
無関係な選択肢も一つ含まれている。本文の対応箇所を慎重に照合する必要があ
る。

第5章

40 問1 正解は② 問2 正解は③
問3 正解は③ 問4 正解は④

訳 《ある英国劇団の新たな試み》

　あなたはアメリカ合衆国に滞在する交換留学生であり，学校の演劇部に所属しています。あなたはクラブの活動をよりよいものにするのを手伝うためにいくつかのアイデアを得る目的で，芸術に関するアメリカのオンラインマガジンの記事を読んでいます。

英国ロイヤル・シェイクスピア・カンパニーに見られる近年の変化

ジョン=スミス

2020 年 2 月 20 日

［第1段］　私たちは皆異なっている。世界が多種多様な人々で構成されていることを大半の人々は認識してはいるが，多様性——私たちが違いを示したり，あるいはそれを受け入れたりすること——は舞台芸術団体には反映されていないことが多い。こうした理由から，身体障害者と同様にさまざまな背景をもつ人々のことを映画や劇がもっときちんと表現することに対する需要が高まっているのである。イングランド芸術評議会はこうした需要に応えて，公的資金を受けているすべての芸術団体に対し，この分野において改善するよう促している。これに対して積極的に対応している劇団の一つが，英国ロイヤル・シェイクスピア・カンパニー（RSC）であり，これは世界で最も影響力のある劇団の一つである。

［第2段］　英国のストラトフォード・アポン・エイヴォンに拠点を置く RSC は，ウィリアム=シェイクスピアや他の多くの有名な作家による劇を制作している。最近，RSC は多様性に焦点を合わせて，英国社会のすべてを正確に表現しようと試みている。RSC は俳優やスタッフを雇用する際に，彼らの民族的・社会的背景や性別，身体能力のバランスをとるために懸命に取り組んでいる。

［第3段］　2019 年夏のシーズンで，RSC は『お気に召すまま』，『じゃじゃ馬ならし』，『尺には尺を』というシェイクスピアの 3 つの喜劇を上演した。国中から俳優が雇用され，総勢 27 人の出演者を決めたのだが，その出演者たちは民族的，地理的，文化的に多様な今日の英国の住民を反映していた。全シーズンで性別のバランスをとるために，すべての役のうちの半分は男性の俳優に，もう半分は女性の俳優に割り当てられた。その出演者には，体に障害をもつ 3 人の俳優（現在では「異なった身体能力をもつ」俳優と呼ばれている）が含まれていた——1 人は視覚障害をもち，1 人は聴覚障害をもち，もう 1 人は車いすを使用していた。

［第4段］　変化は雇用方針に限られたものではなかった。RSC は観衆が男女の力

関係についてじっくり考えるよう促すために，劇の一部を実際に書き換えた。たとえば，女性の役と男性の役が逆転されることがあった。『じゃじゃ馬ならし』では，原作では「娘」の役が「息子」の役に変更され，男性の俳優によって演じられた。同じ劇で，男性の使用人が女性の使用人に書き換えられた。この使用人の役は，車いすを使用する女性俳優のエイミー=トリッグによって演じられた。トリッグはその役を演じてわくわくし，RSC の変化は他の舞台芸術団体に対して大きな影響を及ぼすであろうと信じていると述べた。RSC の他の劇団員も，あらゆる多様性に心を躍らせて，同じ希望を表明した——それは，もっと多くの芸術団体が RSC の足跡をたどるよう促されるであろう，というものであった。

[第5段]　2019 年夏のシーズンにおける，多様性を反映させようとする RSC の決定は，組織を包括的なものにしたいと願う芸術団体にとっての新しいモデルとみなすことができる。古典劇の中に多様性を加味することを容認したがらない人もいるが，両手を広げてそれを歓迎する人もいる。一定の課題は残ってはいるが，RSC は進歩の顔（象徴）としての評判を得ている。

語句・構文

[第1段]
- diversity「多様性」
- performing art「舞台芸術」
- play「劇」
- A as well as B「B と同様に A も」　A に力点が置かれる。
- council「評議会」
- publicly funded「公的資金を受けている」

[第2段]
- based in ～「～に拠点を置いている」
- when hiring「雇用の際に」　文末の分詞構文に接続詞 when を添えて主節との意味関係を明確にしたもの。hire「～を雇う」

[第3段]
- put on ～「（劇を）上演する」
- cast「出演俳優たち，配役」
- disability「（心身の）障害」
- visually-impaired「視覚障害をもつ」

[第4段]
- hiring policy「雇用の方針」
- reflect on ～「～についてよく考える」
- be reversed「逆転される」
- the original「元のもの」　ここではシェイクスピアの原作を指す。
- servant「使用人」
- follow in one's footsteps「～の足跡をたどる，先例にならう」

[第5段]
- challenge「課題，難題」

問1　正解は②

「この記事によると，RSC は 2019 年夏のシーズンで＿＿＿」

2019 年夏のシーズンについては，第 3 段と第 4 段で具体的に述べられている。第 3 段最終文（The cast included …）に，このシーズンのために雇用した 27 人の中には「体に障害をもつ 3 人の俳優（現在では「異なった身体能力をもつ」俳優と呼ばれている）が含まれていた」とあるので，②「3 人の異なった能力をもつ俳優を雇用した」が正解。

①「有名な俳優に職の機会を与えた」

③「27 人の登場人物を含む劇を探し求めた」

④「シェイクスピアや他の作家の劇を上演した」

問2　正解は③

「この記事の筆者がエイミー=トリッグに触れたのは，おそらく彼女が＿＿＿からである」

第 2 段第 2 文（These days, the …）に「最近，RSC は多様性に焦点を合わせて，英国社会のすべてを正確に表現しようと試みている」とあるので，第 4 段で述べられている原作の男性使用人を女性使用人に書き換えた役を，車いすを使用するエイミー=トリッグが演じたことは，社会の多様性を表現しようとする RSC の試みの具体例として紹介されていると考えられる。したがって，①「RSC が上演した劇の一つで上手に演じた」，②「RSC の一員に選ばれるために努力した」，④「RSC の団員にとっての模範となる人物であった」は，トリッグの事例の意味を説明する文としては不適である。よって，③「包括的であろうとする RSC の努力の一つの好例であった」が正解。inclusive という語は CEFR の B 2 レベルを超える難語。「包括的な」とは「全体として，ひっくるめて」ということ。「包括的（inclusive）であろうとする RSC の努力」とは，第 5 段第 1 文（The RSC's decision …）に「多様性を反映させようとする RSC の決定は，組織を inclusive なものにしたいと願う芸術団体にとっての新しいモデルとみなすことができる」とあるので，多様性を受け入れて，それを劇に反映させようとすることと考えられる。

問3　正解は③

「あなたは他の部員のためにこの記事を要約している。次の選択肢のうち，あなたの要約を最も適切に完成させるものはどれか」

［要約］

　英国のロイヤル・シェイクスピア・カンパニー（RSC）は劇を制作する際に，英国社会の住民を反映させようと努力している。これをやり遂げるために，RSCはさまざまな背景や能力をもつ男女の俳優やスタッフのバランスをとり始めた。RSCはまた，劇団が演じる劇にも変更を加えた。その結果，RSCは　　　　。

選択肢を一つずつ検討する。

① 「世界中から多くの才能ある俳優を引きつけた」　本文中に記述がない。

② 「何の反対意見もなく2019年のシーズンをやり遂げた」　第5段第2文（While there are …）から，一定数の反対意見があったことがわかるので，不適。

③ 「社会の期待を行動に結びつける一因になった」　第1段第2・3文（While most people … those with disabilities.）より，多様性が舞台芸術団体に反映されておらず，身体障害者やさまざまな背景をもつ人々を映画や劇がきちんと表現することに対する需要が高まっているとわかる。RSCはその需要に積極的に応えた団体である。さらに第5段第1文（The RSC's decision …）にはRSCの行動は他の団体の新しいモデルとなるとあることから，③は本文の内容に合うと判断できるので，これが正解。

④ 「保守的な（＝従来の慣習を守ろうとする立場の）劇団であるという評判を得た」　第5段最終文（Although certain challenges …）に「進歩の顔（象徴）としての評判を得ている」とあるのに反する。

問4　正解は④

「あなたの演劇部はRSCのアイデアに同意している。こうしたアイデアに基づいて，あなたの演劇部は　　　　」

RSCは英国社会の多様性を反映する試みとして，第3段では性別などのバランスをとりつつ多様な背景をもつ俳優を雇用し，第4段では男女の力関係について考えさせるために原作の一部を書き換えて役柄の性別交替を行ったことがわかる。この第3・4段の内容を唯一反映している④「演技から性別の固定観念を取り除く」が最も適切である。

① 「国際的な新人作家が書いた劇を演じる」

② 「古典劇を原作のストーリーで上演する」

③ 「地元の人々に車いすを購入するための資金を調達する」

　演劇部の活動を改善するために資料を読んでまとめる，という設定で，問3で
は全体の内容をまとめて言い換えた選択肢を選ぶことが求められている。選択肢
は，本文そのままの表現ではないため，①から順に1つずつ検討し，消去法を活
用するのが得策。

POINT

☐
☐ **41**　問1　正解は②　　問2　正解は④
　　　問3　正解は③・⑤（順不同）　　問4　正解は③

[訳]　《記憶の不確かさ》

　あなたの研究グループは，「虚偽記憶」について勉強している。グループのメンバーの一人が，不完全なメモを作った。この記事を読んで，次の研究会のためのメモを完成せよ。

虚偽記憶

[第1段]　記憶とは何だろうか？　ほとんどの人は，記憶とは出来事のビデオ録画のようなもので，頭の中にあると思っている。大事にしている愛情の記憶であれ，恐れている失敗のようなものであれ，私たちのほとんどは，自分の記憶は起きたことの永久の記録だと信じている。時間が経つにつれて思い出すのが難しくなることは認めるかもしれないが，私たちは自分が真実を記憶していると思っている。心理学者たちは現在，これが事実ではないと言っている。私たちの記憶は変わりうるし，変えられることさえあるのだ。記憶は，少し不正確という程度から完全な間違いまで，どこにでも動いてしまうのである！　有名な研究者であるエリザベス=ロフタスによると，完全で正確な不変の記録というより，「記憶はもうちょっとウィキペディアのページのように機能する」のだ。原著者も含めて，誰でも情報を編集できるのである。

[第2段]　「虚偽記憶」を調査する本格的な研究は，比較的最近のものである。学者のハイマンとビリングズは大学生のグループとともに研究を行った。この実験では，まず学生たちの親が，自分の子どもの幼いときの重大なエピソードを面接官に送った。この家族の情報を使って，面接官は学生一人一人に2回面接を行った。その人の子ども時代の実際のエピソードのいくつかに面接官は言及したが，実験のために，いろいろなことが起きた結婚式に関する作り話を付け加え，学生に偽の結婚式が実際に起きたと信じるように仕向けた。次の2つの欄は，一人の学生の面接における，実際の会話を載せたものである。欠けている言葉は「…」で，著者のコメントは「（　）」で示されている。

面接官：I　学生：S

面接1回目

I：…いろいろなことのあった結婚式のようですね…あなたは5歳で，他の子どもたちと遊んでいて…

　　　　（面接官は，学生の親からもらった情報であるかのように偽の出来事に

言及し，続いて友達と遊んでいるときにその学生が不測の事態を引き起こして，花嫁の両親がずぶぬれになったと言う）

S：覚えていません…変ですね…

I：…それはちょっと重大な事のように思えますが…

S：…結婚式ですよね。誰の結婚式だろう…披露宴ですよね？　自分が他の子どもたちと走り回っている様子がはっきりと思い浮かびますが…

I：自分がそうしているのを思い浮かべられますか？

S：…テーブルにぶつかっているとかですか？　ああ，そうだ，そんなことをしたでしょうね…おそらく結婚式ではなくて…大きなピクニックのような…

（学生は，テーブルにぶつかったことが身に覚えのあることのようだと信じ始めている。面接が終わったとき，学生は，次の面接までに今回した会話についてよく考えるように求められる）

面接2回目

（面接官は，学生の子ども時代の実際の出来事のいくつかについて尋ねたところであり，再び前回の面接で話し合った結婚式のことに戻る）

I：次の話題は，5歳のときの重大な事のあった結婚披露宴です。

S：ええ，このことについて考えてみました…

（学生は，自分がずぶぬれにしてしまった人たちについての説明に入る）

S：…彼がダークスーツを着ていて…背が高くて大柄で…角ばった顔…だったのが思い浮かびます…彼女は明るい色のドレスを着ていて…

（学生は頭の中で新しいイメージを浮かべていて，実際の記憶であるかのようにこの話を語ることができる）

S：…木の近くで…飲み物がテーブルの上にあって…私はグラスか何かにぶつかって…

（この学生はその後，夫婦の服装に関するさらなる情報を提供する）

[第3段]　この実験に参加した学生たちは，面接官が植えつけた偽の経験を完全に本当だと信じるようになった。2回目の面接までに，前回話し合ったすべてのことは，現実の出来事に関する自分の親からの情報に基づいていると考えるようになった学生もいた。これは，記憶について話すとき，言葉の選択が反応に大きな違いを生むということを示唆している。特定の言葉のせいで，私たちはある状況を違ったふうに思い出すようになる。面接官が「重大な事のあった」結婚式に何度も言及したために，学生はこの結婚式について偽の記憶を持ち始めたのである。

[第4段]　「現代心理学の父」と呼ばれるジグムント＝フロイトの時代から，精神療

法では，自分の抱える問題を理解するために，子ども時代を思い出すことを求めてきた。20世紀後半には，昔の記憶を呼び覚ますことは，心を癒す良い方法だと人々が信じていたため，患者が，家族の昔のさまざまな状況を想像することを促す訓練や面接の技術があった。私たちの記憶は多くの要因に影響されるため，今では，そのような活動は虚偽記憶につながるかもしれないとわかっている。それは，単に私たちが何を思い出すかだけでなく，いつ思い出すか，思い出すときどこにいるか，誰が質問しているか，そして相手がどのように質問しているかということもだ。したがって，私たちは自分の想像から生じることを本当に真実だと信じているかもしれないのである。おそらく，専門家は「本当の記憶」といったものがあるのかどうか研究し始めるべきなのだろう。

要約メモ:

虚偽記憶

導入

● 「記憶はもうちょっとウィキペディアのページのように機能する」と言うとき，エリザベス=ロフタスは，記憶は　1　ということを意味している。

ハイマンとビリングズによる研究

● 1回目の面接は，その学生が　2　ことを示している。
● 彼らの研究の結果は　3　と　4　ということを示唆している。

結論

人々は，記憶は正確なものだと信じているが，私たちの記憶は多くのことに影響される。昔の出来事に注目することは，心を癒すために採用された技術だったが，私たちは　5　ことを考慮しなくてはならない。

第5章

語句・構文

［第1段］ ▶ the case「（基本的に be 動詞の補語で）事実，真相」
［第2段］ ▶ eventful「波乱に富む，重大な（結果をもたらす）」
　　　　　 ▶ made-up story「作り話」
［第3段］ ▶ make a difference in ～「～に違いを生む，影響を及ぼす」
［第4段］ ▶ think back to ～「～を思い出す」

問1　正解は②

「記述 1 を完成するのに最もよい選択肢を選べ」

取り上げてあるエリザベス=ロフタスの言葉は第1段第8文（According to …）にあり，続く同段最終文（Anyone, including …）に「原著者も含めて，誰でも情報を編集できる」とある。これが「ウィキペディアのページのようだ」ということの意味である。②「自分自身や他の人たちによって修正されうる」が正解。

① 「人の本当の経験の報告である」

③ 「時間が経つにつれて思い出すのが難しくなっていくかもしれない」

④ 「他の人たちと自由に共有されるべきだ」

問2　正解は④

「記述 2 を完成するのに最もよい選択肢を選べ」

1回目の面接での学生の発言には「覚えていません」，「変ですね」，「誰の結婚式だろう」，「おそらく結婚式ではなくて…大きなピクニックのような」など，面接官が言う結婚式のことについて，あいまいな返事が多く見られる。④「面接官が言ったことについて確信がなかった」が正解。

① 「その結婚式の詳細をすべて面接官に説明した」

② 「子ども時代の結婚式での不測の事態について知っていた」

③ 「結婚式に関する偽の話を作るように求められた」

問3　正解は③・⑤（順不同）

「3 と 4 に最もよい2つの記述を選べ（順序は問わない）」

第3段第1文（The students participating …）に「この実験に参加した学生たちは，面接官が植えつけた偽の経験を完全に本当だと信じるようになった」とあり，これが③「人々は，自分の身にまったく起きなかったことを思い出すように見えることがある」に相当する。同段第4文（Certain words …）に「特定の言葉のせいで，私たちはある状況を違ったふうに思い出すようになる」とあり，これが⑤「記憶について質問するのに使われる言い回しが人の反応に影響を及ぼす」に相当する。

① 「偽の出来事は，幼い子どもの記憶に簡単に植えつけることができる」

② 「私たちの自信の程度は，私たちの記憶の信頼性と関係するに違いない」

④ 「偽の記憶を植えつけることは，研究者たちからしばしば批判されている」

⑥ 「子どもが重大な状況を経験すると，安定した記憶を形成する」

問4　正解は③

「『結論』を完成するのに　5　に最もよい選択肢を選べ」

空所のある文の前半は「昔の出来事に注目することは，心を癒すために採用された技術だったが」となっている。これは，第4段第2文（In the late 20th century, …）に「20世紀後半には，昔の記憶を呼び覚ますことは，心を癒す良い方法だと人々が信じていたため，患者が，家族の昔のさまざまな状況を想像することを促す訓練や面接の技術があった」とあることに対応している。続く第3文（Now, we realize …）には，「今では，そのような活動は虚偽記憶につながるかもしれないとわかっている」とある。虚偽記憶が生まれる可能性があるとすれば，この治療法は有益なものとは言えなくなるので，③**「この精神療法の手法は思ったほど役に立たないかもしれない」**が正解。

① 「記憶について問うことは，より明快に思い出すのに役立つだろう」

② 「その技術は，誰が，何を，いつ，どこで，どのように，ということに注目する」

④ 「私たちは，出来事をより正確に思い出す能力に取り組まなくてはならない」

第5章

	42	問1 正解は④	問2 正解は③
		問3 正解は④	問4 正解は③・⑤（順不同）

訳 《口腔衛生を保つことの大切さを訴える発表の準備》

あなたは市役所で開催される健康フェアでポスター発表をする生徒のグループの一員です。あなたのグループのタイトルは「地域社会でお口の健康の向上を目指そう」です。あなたはポスターを作るために以下の文章を使用しています。

口腔衛生：鏡を覗いてみる

[第1段] 最近では，世界中の政府が口腔衛生に対する意識を高めようと取り組んでいる。一日に何度も歯を磨くことはよい習慣であると聞いたことがある人は多いのだが，そうすることが重要である理由についてはあまり考えたことがない可能性が高い。端的に言うと，歯は大事である。歯は言葉を正確に発音するために必要とされるものである。実際に，口腔衛生が保たれていないと，話すことが難しくなることもありうる。さらに根本的な必要性は，よく噛むことができるということである。噛むことによって食品を砕いて，それを体が消化しやすくするのである。適切に噛むことはまた，食べ物を楽しむことにつながる。普通の人は歯科医の治療を受けたあとで，片側の歯で噛むことができない苛立ちを経験したことがある。歯の弱い人はこうした失望を常に経験しているかもしれない。つまり，口腔衛生は人々の生活の質に影響するのである。

[第2段] 歯の基本的な機能は明らかなのだが，口は身体を映す鏡を提供しているということを認識していない人は多い。研究によると，良好な口腔衛生状態は，体全体の良好な健康状態を明示する印なのである。口腔衛生が保たれていない人は，重い体の病気にかかる可能性が高まる。推奨される口腔衛生のための日課を怠ると，すでに病気で苦しむ人に対して悪い影響を及ぼす可能性がある。それとは反対に，口腔衛生を良好に保つことによって，病気を予防することさえあるかもしれない。強くて健康な体は，きれいでよく手入れがされている口腔状態の現れであることが多い。

[第3段] 口腔衛生を良好に保つことは，生涯にわたる使命である。フィンランド政府やアメリカ合衆国政府は，親に対して，幼児が1歳になる前に歯科に連れて行くことを推奨している。フィンランドでは実際に親に通知を発行している。ニュージーランドでは18歳までのすべての人に無料の歯の治療を提供している。日本政府は8020運動を展開している。年を重ねるにつれて，さまざまな理由で歯を失う可能性がある。この運動の目標は，80歳の誕生日を迎えてもなお最低20本の歯を口内に残しておくことである。

［第4段］　日本についてもっとよく見てみると，厚生労働省は長年にわたって，高齢者が何本の歯を残しているかに関する調査データを分析している。ある研究者は，研究対象の高齢者を4つの年代別グループに分け，それぞれをA（70～74歳），B（75～79歳），C（80～84歳），D（85歳以上）とした。1993年を除く毎回の調査において，最低でも20本の歯を残している人々の割合は，高いグループから低いグループの順に並べるとA-B-C-Dとなった。ところが，1993年から1999年までの間に，Aグループは約6ポイントしか向上しなかったのに対して，Bグループの向上はその数値をわずかに上回った。1993年にはAグループの25.5％が最低でも20本の歯を残していたが，2016年までにDグループの割合が，Aグループの最初の数値を実際に0.2ポイント上回った。Bグループは初めのうちは着実に数値を伸ばしていたが，2005年から2011年にかけては劇的に数値を伸ばした。意識の向上のおかげで，どのグループも長年にわたって著しく向上した。

［第5段］　歯科医は長年にわたり，食後の歯磨きを推奨してきた。非常に良好な口腔衛生を積極的に目指している人は，1日に何度も歯を磨くかもしれない。大半の人は寝る前に歯を磨き，それから翌朝のある時間にもう一度磨く。歯科医はまた，歯と歯の間に挟まっているものを除去するための特別な種類の糸を用いて，フロスで毎日歯をきれいにすることは大切であると考えている。もう一つの予防法は，歯の表面の周囲で固まって歯へのダメージを防ぐプラスチックジェル（シーラント）を用いて歯科医が歯の溝を埋めることである。シーラントは特に子ども向けの処置として人気を高めつつある。このシーラントは一度塗るだけで，何と，よくある歯の問題の80％を予防することができる。

［第6段］　年に一回，あるいはそれ以上の頻度で歯科医を訪れることは重要である。歯の治療は痛みを伴うことがあるので，歯科医を受診するのを意図的に避ける人もいる。しかし，人々が歯科医のことを，生涯にわたって自分を文字通り笑顔にすることができる大切な味方であると考えるようになることが大切である。

第5章

あなたのプレゼンテーション・ポスター：

地域社会でお口の健康の向上を目指そう

1. 歯の大切さ

- **A.** きちんと話すために重要である
- **B.** 食べ物を噛み砕くために必要である
- **C.** 食事を楽しむための役に立つ
- **D.** よい印象を与えるために必要とされる
- **E.** 快適な生活の質のために不可欠である

2. 　1

フィンランドとアメリカ合衆国：1歳までの歯の治療を推奨

ニュージーランド：若者向けの無料の歯の治療

日本：8020運動（図1を参照）

　2

図1　最低20本の歯を残している人の割合

3. 役立つアドバイス

　3

　4

語句・構文

［第1段］
- most likely ～「（最も高い可能性として）おそらく～だろう」
- simply stated「簡潔に言うと」
- chew「噛む」
- digest「～を消化する」
- procedure「処置，外科手術」

［第2段］
- those suffering from ～「～に苦しんでいる人々」
- conversely「逆に」
- practice「～を実践する」
- well-maintained「よく維持された」

［第3段］
- infant「幼児」
- turn「（年齢）になる」
- free「無料の」
- treatment「治療」

［第4段］　▶ with the exception of ～「～を例外として」
　　　　　　▶ be in ～ order「～の順番になっている」
　　　　　　▶ slightly「わずかに」　　　　　　▶ initial figure「最初の数値」
　　　　　　▶ at first「初めのうちは」　　　　　▶ significantly「著しく」
［第5段］　▶ floss「歯をフロス（糸付きの歯間清掃具，糸ようじ）できれいにする」
　　　　　　▶ string「糸」　　　　　　　　　　▶ substance「物質」
　　　　　　▶ seal「～を密閉する」　　　　　　▶ harden「固まる」
［第6段］　▶ ally「味方，仲間」　　　　　　　▶ literally「文字通りに」

問1　　正解は④

「ポスターの1つ目の見出しの下で，あなたのグループは文章の中で説明されている歯の大切さを述べたいと思っている。ある一つの提案があまり適切ではないということで皆の意見が一致している。あなたが含めるべきでは**ない**のは，以下のうちのどれか」

選択肢を一つずつ検討する。

A．「きちんと話すために重要である」　第1段第4文（Teeth are required …）に「歯は言葉を正確に発音するために必要とされるものである」とあるのに一致。

B．「食べ物を噛み砕くために必要である」　第1段第6・7文（An even more … to digest it.）に，「歯は食べ物を噛み砕くのに必要」とあるのに一致。

C．「食事を楽しむための役に立つ」　第1段第8文（Proper chewing is …）に，「歯できちんと噛むことが食べ物を楽しむことにつながる」とあるのに一致。

D．「よい印象を与えるために必要とされる」　歯が人に与える印象については本文中に記述がない。

E．「快適な生活の質のために不可欠である」　第1段第9・10文（The average person … all the time.）で，「よく噛むことができないと苛立ちや失望を抱える」とした上で，次の最終文（In other words, …）に「口腔衛生は人々の生活の質に影響する」とある。こうした内容に一致する。

以上から，正解は④D。

問2　　　1　　正解は③

「あなたはポスターの2つ目の見出しを書くように頼まれている。以下のうち，最も適切なものはどれか」

ポスターの2つ目の見出しの下に挙がっているのは，第3段第2文（The Finnish and …）以降で紹介されている国別の政策である。これらの政策は，第3段第1文（Maintaining good oral …）に「口腔衛生を良好に保つことは，生涯にわたる使命である」とあるように，口腔衛生を良好に保つことを奨励するための国家政策で

あると考えられる。したがって③「口腔ケアを奨励する国家的取り組み」が最も適切である。

① 「若者をターゲットにした国の 8020 運動」
② 「よりよい歯科治療のための国家的宣伝」
④ 「幼児を歯科に通わせる国のシステム」

問 3　　2　　正解は④

「あなたは日本で研究者が行った調査の結果を掲載したいと思っている。以下のグラフのうち，あなたのポスターのために最も適切なものはどれか」

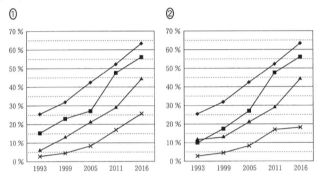

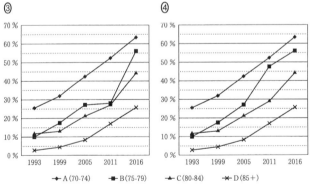

──◆── A (70-74)　──■── B (75-79)　──▲── C (80-84)　──✳── D (85 +)

第 4 段第 3 文（In each survey, …）に，「1993 年を除いて」割合が高い順に A −
B − C − D になったとあるので，1993 年で上から順に A − B − C − D と並んでいる
①は不適。

次に，同段第 5 文（In 1993, 25.5 % …）に「1993 年には A グループの 25.5 ％が最
低でも 20 本の歯を残していたが，2016 年までに D グループの割合が，A グループ
の最初の数値（1993 年の数値）を 0.2 ポイント上回った」とある。よって，2016

年のDグループの数値が，Aグループの1993年の数値（25.5％）をわずかに上回
っている③と④が残る。
　さらに同段第6文（Group B increased …）に，Bグループが「2005年から2011
年にかけては劇的に数値を伸ばした」とあるので，この期間のBグループの伸びが
鈍い③は不適である。一方，④では急激に伸びているので，これが正解。

問4　　3　　　4　　正解は③・⑤（順不同）
「ポスターの最後の見出しの下に，あなたは本文に基づいた具体的なアドバイスを
加えたいと思っている。以下の文のうち，あなたが使用するべきである2つの文は
どれか（順序は問わない）」
選択肢を一つずつ検討する。
① 「朝食をとる前に歯を磨こう」　第5段第1文（Dentists have long …）に，歯
　科医が「食後の」歯磨きを推奨してきたとあるのに反する。
② 「毎日鏡を見て歯をチェックしよう」　第2段第1・2文（While the basic
　… good general health.）に「口は身体を映す鏡を提供している」，「良好な口腔
　衛生状態は，体全体の良好な健康状態を明示する印なのである」とある。したが
　ってこの文章のタイトルにある「鏡を覗いてみる」は，口腔の状態と体の健康状
　態との関連を象徴的に表したものであって，文字どおり鏡を見ることを読者に勧
　めているわけではない。
③ 「1年に少なくとも一度は歯科を訪れよう」　第6段第1文（Visiting the
　dentist …）に「年に一回，あるいはそれ以上の頻度で歯医者を訪れることは重
　要である」とあるのに一致。
④ 「プラスチックジェルを歯に頻繁に詰めよう」　第5段最終文（This only
　takes …）に，プラスチックジェル（シーラント）は一度塗るだけで歯の問題を
　予防できるとあるのに反する。
⑤ 「デンタルフロスを歯と歯の間に毎日使おう」　第5段第4文（Dentists also
　believe …）の前半に「フロスで毎日歯をきれいにすることは大切である」とあ
　るのに一致。

第5章

43 問1 正解は③ 問2 正解は②・⑤ (順不同)
問3 正解は② 問4 正解は①

訳 《コンテストのポスター作成》
　あなたはプレゼンテーションコンテストのポスターを準備している学生グループに加わっている。あなたはポスターを作成するために，次の文章を使っている。

長さの単位の小史

[第1段]　古代から，人々は物を測定してきた。測定は，人が，ある物がどれほどの長さか，距離か，大きさか，重さかをある種の正確さをもって知る手助けとなる。重さや体積は食料の交換に重要ではあるが，最も有用な測定の一つは長さだと言える。というのも，長さは面積を計算するのに必要であり，面積の計算は地所の交換，保護，課税に役立つからだ。

[第2段]　測定の方法は，人間の身体を基にしたり，それに関連したりしていることが多かった。知られている測定法の最も初期のものの一つはキュービットで，紀元前3千年紀ごろ，エジプトとメソポタミアで作られた。1キュービットは，人のひじから中指の先までの前腕の長さで，ある王室の標準によると，524ミリメートル（mm）だった。加えて，古代ローマの1フィート（296mm）はおそらくエジプト人由来で，人間の足を基にしていた。

[第3段]　ヤードとして知られている測定単位は，おそらくローマ帝国の支配後の英国が起源であり，キュービットの2倍を基にしていると言われている。その起源が何であれ，さまざまに異なるヤードが英国では使用されていた。ヘンリー1世の鼻から伸ばした腕の親指までの長さに標準化された12世紀まで，ヤードはそれぞれ異なる長さだった。しかし，公式の文書が1ヤードは3等分されるものであり，それは3フィートに相当し，1フィートは12インチからなると記述したのは，14世紀のことだった。この記述はインチとフィートを標準化するのに役立ったが，ヘンリー7世がフィートとヤードの公式の金属見本を配布した15世紀後半になってやっと，人々はそれらの本当の長さを確かに知るようになったのである。長年にわたって数多くの小さな調整が行われ，ついに1959年の国際ヤード=ポンド協定が標準インチ，フィート，ヤードをそれぞれ25.4mm，304.8mm，914.4mmと定義した。

[第4段]　測定法を作り出す基準として人体を使うことは，西洋文化に特有のものではなかった。「チ」と呼ばれる伝統的な中国の長さの単位は，今では3分の1メートルだが，もとは親指の先から広げた中指の先までの長さで定義されており，およそ200mmだった。しかし，年月を経てその長さは増し，中国のフィートとして

知られるようになった。興味深いことに，日本の「尺」は「チ」を基にしたものだったが，標準の1フィートとほぼ同じである。ほんの1.8mm短いだけなのだ。

［第5段］　人体と測定法の関連は，航海術にも見られる。ファゾム（6フィート）は，英語圏で海の深さを測るものとして最もよく知られた単位だが，歴史的には古代ギリシャの測定単位だった。それは，水夫が両腕の間に広げることのできたロープの長さに基づいていたので，それほど正確な測定法ではなかった。それは，他の多くの英米の単位と同様に，1959年に標準化された。

［第6段］　メートル法は1668年に初めて記述され，1799年にフランス政府に公式に採用されたが，今では世界的に優勢な測定法になっている。この測定法は，標準的な測定法として，あるいは伝統的な測定法に代わるものとして，徐々に多くの国に採用されるようになっている。メートル法は，主に科学，医学，産業の専門職で使われているが，伝統的な商業活動は，まだ地域の伝統的な測定法を使い続けている。たとえば，日本では窓の幅は「間（けん）」（6尺）で測定されている。

［第7段］　かつては，異なる測定単位の関係を理解することは，商人や税吏だけが知っている必要のあるものだった。しかし，今や国際的なオンラインショッピングが世界中に広がっているので，自分がどのくらいの量を買おうとしているのかがわかるように，私たち全員が他の国々の測定法を少しは知っておく必要がある。

第5章

あなたのプレゼンテーション用のポスターの草稿:

さまざまな文化，さまざまな測定法

1．共通単位の目的

標準単位は以下の目的で使われる：
- A．人々が払うべき税の額を計算すること
- B．商業的な目的
- C．人体のさまざまな部分を比較すること
- D．食料の量を測定すること
- E．個人の地所を保護すること

2．長さの単位の起源と歴史

| 1 |
| 2 |

3．長さの単位の比較

図1．長さの主な単位の比較

| 3 |

4．現代の単位

| 4 |

語句・構文

[第1段] ▶ property「地所」 財産一般を表す語でもあるが，本文では面積の計算に言及しており，この文章では所有する土地の意と考えられる。

[第2段] ▶ would often ～「よく～したものだ，～することが多かった」 過去の習慣的行為を表す。

[第3段] ▶ it was not until ～ that …「～になって初めて〔やっと〕…した」

▶ respectively「(列挙されたものを指して，順に) それぞれ」

[第4段] ▶ a standard from which to develop ～「～を作り出すための基準」

　　形容詞的用法の不定詞において，修飾されるもの（ここでは
　　standard）が不定詞の動詞に伴う前置詞の目的語でもある場合，前置
　　詞の役割を明快にするために関係代名詞を使って〈前置詞＋which
　　〔whom〕to *do*〉の形をとることがある。本文の場合，
　　develop ～ from the standard「その基準から～を作り出す」の関係
　　であることを表す。

［第5段］▶ open arm「広げた腕」
［第6段］▶ an alternative to ～「～の代わりをするもの，代替」
［第7段］▶ now that S V「今やSはVするので」

問1　正解は③

「ポスターの最初の見出しの下にある記述を確認していたとき，グループの全員が，提案の一つがうまく当てはまっていないことで意見が一致した。次のうちのどれを含むべきでは**ないか**」

第1段最終文（While weight …）に「重さや体積は食料の交換に重要である」とあり，D「食料の量を測定すること」がこれに相当する。同文後半に「長さは面積を計算するのに必要であり，面積の計算は地所の交換，保護，課税に役立つ」とあり，これにA「人々が払うべき税の額を計算すること」，E「個人の地所を保護すること」が含まれる。また，上記では，「食料」と「地所」の「交換に重要である〔役に立つ〕」とあり，これはB「商業的な目的」と考えられる。残るC「人体のさまざまな部分を比較すること」は本文に該当する内容がない。よって，③が正解。

問2　[1]　[2]　正解は②・⑤（順不同）

「ポスターの2番目の見出しの下に，長さの単位に関する記述をする必要がある。次のうち最も的確なものを2つ選べ（順序は問わない）」

①「インチとメートルは，1959年の国際ヤード＝ポンド協定で定義された」

第3段最終文（Over the years, …）に「1959年の国際ヤード＝ポンド協定が標準インチ，フィート，ヤードを…定義した」とある。メートルは含まれない。

②「『チ』は手に関連する単位として始まり，時を経て徐々に長くなった」

第4段第2・3文（The traditional … Chinese foot.）に「『チ』と呼ばれる伝統的な中国の長さの単位は…もとは親指の先から広げた中指の先までの長さで定義されており…年月を経てその長さは増し（た）」とある。これが正解の一つ。

③「キュービットは，人の足の長さを基にした最古の単位の一つである」

第2段第2・3文（One of the … 524 millimeters (mm).）に「知られている測定法の最も初期のものの一つはキュービットで…1キュービットは人のひじから中指の先までの前腕の長さ（だった）」とある。足の長さではない。

④「現在の標準ヤードの長さはヘンリー7世によって標準化された」

第3段第5文（While this description …）に「ヘンリー7世がフィートとヤードの公式の金属見本を配布した15世紀後半になってやっと，人々はそれら（＝フィートとヤード）の本当の長さを確かに知るようになった」とあるが，続く最終文（Over the years, …）に「長年にわたって数多くの小さな調整が行われ，ついに1959年の国際ヤード＝ポンド協定が標準インチ，フィート，ヤードを…定義した」とある。現在のヤードはこのときに定義され，標準化されたものである。

⑤「ファゾムの起源は人の開いた両腕の間の長さに由来した」

第5段第3文（It was not …）に「それ（＝ファゾム）は，水夫が両腕の間に広げることのできたロープの長さに基づいていた」とある。これが正解の一つ。

⑥「ローマのフィートの起源は，大ブリテン島にさかのぼることができる」

第2段最終文（In addition, …）に「古代ローマの1フィート（296 mm）はおそらくエジプト人由来で（あった）」とある。

問3　　3　　正解は②

「ポスターの3番目の見出しの下に，文章中の単位のいくつかを視覚化する説明図がほしいと思っている。短いもの（上部）から長いもの（下部）まで，異なる単位の長さを最もよく表しているグラフはどれか」

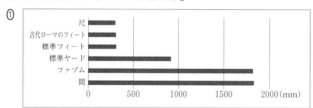

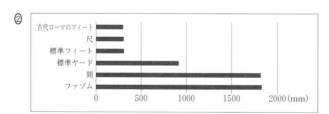

④

第2段最終文（In　addition,　…）に「古代ローマの1フィート（296mm）」，第3段最終文（Over　the　years,　…）に「標準…フィート，ヤードをそれぞれ…304.8mm，914.4mmと定義」，第4段最終2文（Interestingly,　…1.8mm shorter.）に「日本の『尺』は…標準の1フィートとほぼ同じである。ほんの1.8mm短いだけ」，つまり304.8−1.8＝303mm，第5段第2文（The fathom　…）に「ファゾム（6フィート）」，つまり304.8×6＝1,828.8mm，第6段最終文（For example, in Japan, …）に「『間（けん）』（6尺）」，つまり303×6＝1,818mmとある。短い順に並べると，「古代ローマの1フィート」296mm，「尺」303mm，「標準フィート」304.8mm，「標準ヤード」914.4mm，「間」1,818mm，「ファゾム」1,828.8mmとなる。②が正解。

問4　　4　　正解は①

「あなたのグループは，ポスターの最後の見出しの下に，この文章に基づいた現代の単位についての1文を加えたいと思っている。次のどれが最も適切か」

第6段第3文（While the metric system …）に「メートル法は，主に科学，医学，産業の専門職で使われているが，伝統的な商業活動は，まだ地域の伝統的な測定法を使い続けている」とあり，①「メートル法が世界的に優勢になっているが，伝統的な測定法は地域的な業務で特定の役割を果たし続けている」がこれに相当する。

②「広く行きわたった標準化された測定法が受け入れられているにもかかわらず，科学や医学では一貫性を保つために，現在も伝統的な単位を使っている」

③「国境を越えたオンラインショッピングの増加で，メートル法が世界標準になっている」　このような因果関係への言及はない。

④「インチ，フィート，ヤードのような現代の単位は，その起源が人体の部分に関連している『チ』を基にしている」

第5章